한 줄 가계부

한 줄 가계부

박종기 지음

귀찮은 가계부는 버려라,
하루에 한 가지만 절약해도 돈이 모인다!

RHK
RH Korea

왜 한 줄로 써야 할까요?

우리 집에는 한 달에 한 번 물을 길어오는 날이 있습니다.

매일매일 물을 길면 귀찮기도 하고

늦은 시간에는 길이 어두워 여기저기 물을 흘리거나

항아리를 깨뜨리기도 합니다.

또한 양을 대중하기가 어려워,

정확히 어느 정도의 양이 필요한지 셈할 수도 없습니다.

그래서 온 가족이 고민 끝에 커다란 항아리를 만들었습니다.

물을 가득 채우면 다음 달까지는

호숫가에 가지 않아도 될 정도로 아주 크고 튼튼하게요.

필요에 따라 나중에는

더 크게도 만들 생각입니다.

그러면 갑자기 물이 떨어지거나 급하게

물길으러 갈 일도 없습니다.

처음 몇 달 동안 이 규칙은 아주 잘 지켜졌습니다.

그렇게 몇 년이 흘렀습니다.

그런데 문제가 생겼습니다.

물을 아무리 가득 채워 놓아도

다음번 물 길으러 가는 날이 되기 전에

항아리의 물이 바닥나는 것입니다.

게다가 그 속도는 조금씩 빨라지기 시작했습니다.

누군가 이전보다 더 많은 양의 물을 사용하는 걸까요?

항아리 크기가 줄은 것도 아닌데

물이 모자란 이유를 알 수 없어 고민하던 어느날,

우연히 바닥을 드러낸 항아리를 들여다보고

그 이유를 깨달았습니다.

자세히 보니 바닥에 미세한 구멍이 있는 게 아니겠어요?

눈치채지 못하는 사이 구멍이 넓어져,

물이 떨어지는 속도가 조금씩 빨라졌던 것입니다.

원인을 알았지만 구멍을 메우는 작업은 자꾸 미뤄집니다.

언젠가 해야 할 일이지만 아직까지

구멍이 염려할 수준이 아니라고 여겼기 때문입니다.

그렇게 십 년, 이십 년이 또 흘렀습니다.

여전히 구멍은 메워지지 않았고

항아리는 가득 찬 날보다 비워진 날들이 더 많습니다.

나이가 들수록 물을 길어오는 것이 점점 힘에 부칩니다.

그리고 그제야 후회합니다.

'진작 구멍을 메웠다면 이렇게 고생하지 않아도 될텐데…'

항아리는 **'우리집 통장'**

매달 넣는 물은 **'월급'**

그리고 구멍으로 새어나간 물은

의미 없이 써버린 **'낭비지출'**입니다.

구멍이 있는 항아리에 물을 부어봤자

남아있는 물보다 그대로 새어나가는 물이 더 많듯이

낭비가 존재하는 한 돈을 모으기란 불가능합니다.

커피값, 휴대폰 요금, 담뱃값, 액세서리, 가벼운 술 한 잔…

쓸 때는 사소하게 느껴지는 지출들입니다.

하지만 그것이 모이고 모여 한 달이 되면

월급의 절반이 될 수도 있고 일 년이 지나면 무시할 수 없

는 금액이 됩니다.

늦었지만 항아리 구멍을 메우기로 합니다.

서서히 항아리에 물이 차오르기 시작합니다.

가득 차있는 항아리를 볼 때마다 마음이 든든합니다.

그렇게 미래를 준비할 수 있었고,

합리적으로 예산을 짜고 지출하는 것이 가능해졌습니다.

항아리가 새는 원인을 알기 위해

어느 곳에 구멍이 났는지 찾아야 하는 것처럼

돈이 모이지 않는 이유를 알려면,

어디에서 돈이 새고 있는지를 찾아야 합니다.

그래서 가계부 작성은 꼭 필요합니다.

매해 초 다들 열심히 가계부를 쓰지만,

부질없는 새해 다짐이나 새로 산 운동기구처럼

한두 달 지나면 서랍장 속에서

쓸쓸히 잊히기 일쑤입니다.

일반적인 가계부는 작성할 칸이 많아 복잡하기도 하고

절약해서 모이는 금액을 정확하게 파악하기 힘듭니다.

가계부 쓰기를 지속하고 효과적으로 활용하려면

간단하게 작성할 수 있고 한눈에 파악할 수 있어야 합니다.

그래서 필요한 것이 '한 줄 가계부'입니다.

단 한 줄, 그리고 **캘린더**만 준비하시면 됩니다.

자, 이제 그 방법에 대해서 소개합니다!

 한 줄 가계부

STEP. 1

낭비지출을
잡아라

• 지금까지 쓴 가계부가 아무 효과 없었던 이유 • 당신의 돈이 새는 구멍 '낭비지출' • 구체적인 절약 목표를 찾아라! • 잘 이용하면 유용한 보상심리 • 절약을 위한 청사진, 실천 계획!(예시 : 술값) • 우리는 얼마나 먹고 있을까요? 줄이기 쉬운 지출 '식비' • 재정에 맞는 소비 규모 계산하는 법(예시 : 자동차) • 따져보면 줄일 수 있는 지출은 무엇인가(예시 : 통신료) • 하루 한 줄, 후회되는 한 가지 • '하루 한 줄 가계부' 작성법 • 낭비되는 돈을 자산으로 바꾸는 '가계부 통장'

관리할 돈이 없는 것이 아니라
자산관리를 하지 않아
돈이 없는 것입니다.

지금까지 쓴 **가계부가**
아무 **효과 없었던 이유**

연말, 연초가 되면 많이 찾는 것 중 하나가 달력과 다이어리
그리고 가계부일 것입니다.

올해가 전년보다 알찬 한 해가 되길 바라는 당신의 마음을
한 자 한 자 새길 아이템들입니다.

그 이면에는 가계부를 잘 활용해 지출을 계획하면
절약도 되고 가계 살림도 나아질 것이라는
바람이 담겨있습니다.

실제로 가계부는 지출관리를 통해 돈을 모을 수 있는
아주 효과적인 수단입니다.

그래서 연말마다 은행이나 여성 잡지에서 제공하는 가계부
는 인기가 많습니다. 요즘엔 특별한 디자인의 비싼 가계부
들도 제법 잘 팔립니다.

가계부를 쓰기 시작하면 보통 첫 달까진 잘 적습니다.

수입 칸에는 월급의 총 금액과 곧 나올 보너스 등
예상되는 추가 수입도 함께 적습니다.

모아둔 카드 영수증을 확인하며 혹은
기억을 더듬으며 지출 칸을 채워갑니다.

혹시 빠진 게 있는지 카드사나 은행 홈페이지에 들러 확인
해보기도 합니다.

그렇게 한 달이 지났습니다.

총 수입	450만 원
총 지출	430만 원
남은 돈	20만 원

'이대로라면 돈이 남아야 하는데…….'

남은 돈 중 10만 원의 행방이 묘연합니다.

아무리 생각해도 짐작 가는 것이 없어

고개를 갸웃거리며 그냥 넘어갑니다.

다음달이 되었습니다.

이번 달이야말로 완벽하게 가계부를 쓰겠다고 다짐합니다.

영수증을 챙기는 습관도 생겼습니다.

그러던 중 의문이 생겼습니다.

전세자금대출의 원리금 때문입니다.

어차피 대출금은 다 갚고 나면 보증금은

다시 돌려주니 그냥 저축 칸에 적었습니다.

가계부를 쓰는 동안 영수증은 지갑 속에서, 화장대에서,
식탁 위, 텔레비전 위⋯ 곳곳에서 발견됩니다.
또, 한 달이 지났습니다.

총 수입	450만 원
총 지출	430만 원
남은 돈	20만 원

또, 남는 돈 중 10만 원이 모자랍니다.
'분명, 영수증도 빠짐없이 챙겼고⋯
가계부도 완벽하게 작성한 것 같은데⋯'
세 달째, 심경에 작은 변화가 옵니다.
'이걸 쓴다고 달라지는 게 있을까?'
집안 곳곳에 굴러다니는 영수증을 보니
속 시원하게 쓰레기통에 버리고 싶어집니다.

대충 쓰다 말다를 반복하며

어쨌든 세 달째 가계부를 완성했습니다.

총 수입	450만 원
총 지출	435만 원
남은 돈	15만 원

10만 원의 행방은 여전히 오리무중……

오히려 지출은 전달보다 5만 원 늘었습니다.

'가계부를 써봤자 귀찮기만 하고 별 효과는 없었다'라는

명제가 성립되는 순간입니다.

이때부터 가계부는 서랍장 깊숙한 곳에 들어가

먼지만 쌓이거나

책상 어딘가에 그냥 책처럼 꽂혀있게 됩니다.

매년 초에 시작하는 가계부 쓰기는 왜 성과 없이 끝날까요?

첫째, 가계부 쓰는 것이 귀찮다.

일반적인 가계부들은 기입해야 할 칸들이 많습니다.

그 칸을 일일이 채우다 보면,

10~20분은 우습게 지나갑니다.

시간이 많이 걸리면 일하는 느낌이 들고,

의무감이 생기면 가계부 쓰는 일은

피곤하고 귀찮은 일이 됩니다.

일상을 마무리하고 정리하는 밤,

귀찮고 피곤한 일을 다시 꺼내보고 싶어질까요?

아니면 간단히 정리하고 하루를 마무리 짓고 싶을까요?

그래서 가계부 작성법은 간편해야 합니다.

둘째, 눈에 띄는 효과를 느끼지 못했다.

가계부의 목적은 소비의 흐름을 파악해

개선할 수 있는 문제점은 개선하고,

계획적인 지출을 통해 절약하는 것입니다.

하지만 흔히 시중에서 구할 수 있는 가계부는
'금전출납부'에 불과해 어디서 돈이 새고 있는지,
어느 정도의 돈이 나가고 있는지 한눈에 파악하기 힘듭니다.
때문에 돈이 비거나 줄줄 새고 있어도 의아하게 여길 뿐입니다.
그렇게 되면 가계부의 효과는 반감됩니다.
피부로 느껴지는 효과가 없으면
아무래도 이 귀찮은 일을 해야 할 의지가 사라지게 됩니다.

셋째, 정확한 목표의식이 없다.
목표가 없는 화살은 과녁이 아닌
엉뚱한 곳으로 날아가는 법입니다.
그처럼 구체적인 계획이나 목표 없이
무조건 아껴 쓰겠다는 생각으로 접근하면
생활은 다소 궁핍해지고
애초 의도한 만큼의 성과를 얻지 못할 수 있습니다.

소비를 줄인다는 것이 어디 쉬운가요?
분명한 목표와 구체적인 실천계획 없이는
지속하기 힘이 듭니다.

지금까지 자신의 가계부 작성 습관을 점검해보고
위 내용에 공감하셨다면,
이제부터 그런 가계부는 과감히 버리셔야 합니다.
지금부터는 이런 가계부를 써보세요.

1. 한 번에 한 가지 항목만, 한 줄로 – 간편합니다!
2. 한눈에 소비습관의 문제점을 보여줍니다.
3. 효과를 숫자로 보여줘 동기의식을 심어줍니다.
4. 실천계획에 대해서도 구체적으로 알려줍니다.

바로 바쁜 현대인들을 위한 스마트한 한 줄 가계부입니다.

당신의 **돈이** 새는 **구멍** '**낭비지출**'

한 줄 가계부를 쓰다보면 체감되는 2가지 변화가 있습니다.

첫째, 습관적인 지출이 줄어듭니다.
둘째, 높아진 통장 잔고입니다.

습관적인 지출을 줄여 목돈을 마련하는 것이
한 줄 가계부의 시스템입니다.

습관적인 지출, 저희는 그것을 '낭.비.지.출'이라고 부릅니다.

낭비지출이란 말 그대로 굳이 필요하지 않은 곳에
의식하지 못한 채 과도하게 사용되고 있는 돈.
대표적인 낭비지출에는 어떤 것이 있는지 알아보고
그 정도만 줄여도 큰 효과를 얻을 수 있습니다.
대표적인 낭비지출에는 어떤 것들이 있을까요?

> 대표적인 '5대 낭비지출'
>
>   1. 자동차
>
>   2. 외식비
>
>   3. 술값
>
>   4. 커피값
>
>   5. 통신료

위 선택지 중 해당되는 항목이 있는지,

혹은 평상시 큰 금액은 아니지만 **습관적으로, 자주**
지출하는 항목이 있는지 떠올려봅니다.
바로 그 항목 중 하나가 **한 줄 가계부의 목표**
그리고 그 항목에 대한 지출이
한 달간, 그리고 일 년간 모였을 때
어느 정도의 돈이 되는지 따져봅니다.

아무리 아껴 쓰는 사람이라도 하나하나 떠올려보면
후회되는 지출이 한 가지는 있기 마련입니다.
그것이 쌓여 한 달, 일 년, 십 년이 되었을 때,
얼마나 큰 금액이 될까요?
그럼 의외로 사소할 것이라 생각했던 금액이
꽤 큰 금액임을 깨닫게 됩니다.
그 다음에는 스스로 '절약 목표금액'을 세우고
가계부 작성을 통해 새는 구멍을 메우는 것입니다.

당시에는 적은 금액이라 무심코 지갑을 열었지만
이런 사소한 소비가 모여 커다란 구멍이 된다는 것을 알면
의식적으로 지출을 통제하게 됩니다.
그리고 그 지출을 줄이면 당연한 결과로 돈이 남습니다.
그 돈을 차곡차곡 모아 저축한다면 가계부는 어떤 투자보
다 효과적인 재테크 수단이 될 수 있습니다.

구체적인
절약 목표를 찾아라

줄이고 싶은 항목이 있다면 그것이 바로 '목표'

그것에 해당되는 지출을 할 때만

가계부를 작성해 주시면 됩니다.

쓰는 방법은 아주 간단합니다.

여백이 넓은 캘린더 혹은 뒷면에 있는 한 줄 가계부 서식을

펼쳐주세요.

[A씨의 한 줄 가계부, 목표 : 커피]

Sun	Mon	Tue	Wed	Thu	Fri	Sat
합계 : 136,000원	1년 : 163만 원 10년 : 1,632만 원	1 4,000원	2	3 9,000원	4 5,500원	5 5,000원
6 9,000원	7 4,500원	8	9 5,500원	10 5,000원	11 4,000원	12
13	14 5,000원	15 4,500원	16 4,000원	17	18 9,000원	19 11,000원
20 5,000원	21 4,000원	22	23 5,500원	24 4,500원	25 5,000원	26
27 10,000원	28 4,500원	29	30 8,000원	31 4,500원	목표금액 : 5만 원 차액 : 8만6천 원	저축금액 1년 : 103만 원 10년 : 1,032만 원

요즘에는 커피 좋아하는 분이 참 많습니다.

한국인 하루 평균 커피 소비량이 2잔이라고 하니,

전문점 커피를 즐기는 분이라면 만만치 않은 비용일 것

같습니다.

그래서 이번 가계부의 목표는 '커피값'입니다.

달력 혹은 가계부 상단에는 큰 글씨로

목표 : 커피

라고 써둡니다.

그리고 커피를 마실 때마다

해당 날짜에 금액만 기입합니다.

먼저, 이렇게 한 달을 써보고

이와 같이 1년간, 10년간 지출했을 때

어느 정도 금액이 되는지 상단 빈칸에 적어둡니다.

그리고 하단의 또 다른 칸에는 이번 달 〈목표금액〉을 적습니다.

이번 달 커피는 정해진 예산(목표금액) 안에서
마시겠다는 의미입니다.

합계를 같이 적는 이유

사소하지만 습관적으로 하는 지출이 생각보다 많은 비중을
차지하고 있음을 깨닫기 위함입니다.

'아껴 쓴다고 썼는데도 돈이 모자라요. 대체 어디 썼는지 모
르게 사라져있어요.'

돈이 부족하다고 푸념하는 사람들의 단골 멘트입니다. 이
런 경우 찬찬히 분석해보면 그 원인이 '사소하지만 습관적
인' 지출에 있음을 발견하게 됩니다. 이런 경우 무의식적으
로 돈을 지불하기 때문에 대세에 영향을 준다거나 문제가
있다는 생각조차 하지 않습니다. 〈합계〉는 이런 '사소하지
만 습관적인' 지출에 경각심을 줍니다.

목표금액을 적는 이유

이 가계부의 목적은 과한 소비를 줄이자는 것이지 소비 자체를 없애는 것이 목적이 아닙니다. 그래서 먼저 한 달간 자신이 해당항목에 사용하는 돈을 확인해보고 '목표금액'을 설정해 전달보다 줄이는 방향으로 절약합니다. 정확한 목표가 주어졌을 때 보다 구체적인 실천계획을 짤 수 있고, 실천의지도 강해지기 때문입니다. 그리고 목표에 도달하는 확률도 높아집니다.

또한, 전달 한 달간 사용한 총 금액에서 이 목표금액을 차감하면, 목표 달성 시 절약되는 금액이 나옵니다.

> 전 달 해당항목 지출 총액 − 목표금액 = 절약되는 금액

바로 이 '절약되는 금액'이 목표를 달성했을 시 지급되는 보상인 셈입니다. 이 금액은 동일한 액수로 1년간 모았을 때

의 총합과 10년간의 총합을 함께 캘린더 하단에 적어둡니다. 이렇게 숫자로 환산해보면 사소하다고 생각했던 지출이 큰 구멍으로 느껴집니다.

캘린더를 기본서식으로 사용하는 이유

언제, 어느 정도의 금액을 해당 항목에 지출했는지 한눈에 볼 수 있기 때문입니다. 그리고 날짜별로 가계부를 정리하다보면 이런 낭비지출에도 일정한 규칙이 있음을 깨닫기도 합니다. 예를 들어 커피 항목에 대한 지출은 피곤한 월요일에 늘어납니다. 또 다른 예로 술값의 경우 모임이 많은 금요일에 집중되어 있을 수도 있습니다. 사람에 따라 컨디션이나 업종, 선호하는 요일에 따라 이 규칙은 달라질 수 있습니다. 이렇듯 규칙을 찾았다면 그 규칙을 활용해 절약을 위한 실천계획을 세워보시기 바랍니다. 이 날 집중적으로 돈이 새어나가는 것을 알았으니 의식적인 노력을 하는 것입니다. 또한, 두 번째 서식인 수첩형 한 줄 가계부를 활용하면 횟수를 함께 표기할 수 있어 효율적입니다. 소비 유형에 따라 캘린더형 혹은 수첩형을 병행하여 사용하거나 둘 중 편한 쪽을 골라서 사용하면 됩니다.

그럼 수첩형 한 줄 가계부를 써볼까요?

위 내용대로 하루에 커피값으로

목표	커피	
날짜(3월)	금액	횟수(잔)
1일	4,000원	1
2일		
3일	9,000원	2
4일	5,500원	1
5일	5,000원	1
6일	9,000원	2
7일	4,500원	1
8일		
9일	5,500원	1
10일	5,000원	1
11일	4,000원	1
12일	3,500원	1
13일		

14일	5,000원	1
15일	4,500원	1
16일	4,000원	1
17일		
18일	9,000원	2(직장동료)
19일	11,000	2(친구)
20일	5,000원	1
21일	4,000원	1
22일		
23일	5,500원	1
24일	4,500원	1
25일	5,000원	1
26일		
27일	10,000원	2
28일	4,500원	1
29일		
30일	8,000원	2
31일	4,500원	1
합계	136,000원	30잔
1년 합계(×12)	1,630,000원	360
10년 합계	16,320,000원	3600
다음 달 목표	50,000원	10잔
차액(줄어드는 돈)	86,000원	저축할 수 있는 돈
차액 1년 저축	1,032,000원	
차액 10년 저축	10,320,000원	

4,000원~10,000원 사용하는 사람을 기준으로
계산해보겠습니다.

한 달 약 13만 6천 원,
일 년 약 163만 원
⋮
십 년 1,630만 원

십 년간 총 1,630만 원을 커피값으로 지불됩니다.

그럼 이제 목표금액을 설정합니다.
다음달 커피 목표금액은 5만 원입니다.
절약되는 비용은 8만 6천 원이 됩니다.

그 결과,
1년이면 103만 원, 10년이면 1,032만 원을 절약할 수 있습니다.

커피만 줄여도 이 정도 돈을 모을 수 있다니,

열심히 실천할 의지가 들지 않으세요?

잘 **이용**하면
유용한 **보상심리**

앞에서도 언급한 것처럼 〈목표금액〉을 적는 이유는

한 줄 가계부의 목표가 지출 자체를 없애는 것이 아니라

과한 지출을 적절한 수준으로 줄여가는 데 있기 때문입니다.

커피를 좋아하는 사람에게 낭비지출이니 아예 마시지 말자

고 하면 처음에 한두 달은 몰라도 얼마 안 가 포기할 확률

이 높기 때문입니다.

〈목표금액〉 옆에 〈차액〉을 적는 이유는

동기부여를 위해서입니다.

당장은 몇천 원, 몇만 원에 불과해도

이 돈을 1년, 10년 모으면 목돈이 된다는 것을 알면

절약에 대한 의지가 생깁니다.

모인 돈을 가지고 재테크를 하거나 갖고 싶지만

목돈이 나가서 망설였던 물건을 구매하겠다는

목표를 세우면 가계부를 적는 일이 즐거워지기도 합니다.

또한, 횟수를 함께 적으면 하루나 한 달 평균 지출 빈도수

를 파악할 수 있어서 많은 도움이 됩니다.

● 모이면 무시할 수 없는 커피값?

평상시 커피를 즐긴다는 A씨, 믹스커피도 좋지만 하루에 한 번은 기분전환을 위해 커피전문점에 간다고 합니다. 하루에 4,000원에서 많으면 10,000원. 하루 종일 이런저런 일에 시달린 나를 위한 투자라고 생각하니 그 정도 돈은 아깝지 않다고 생각합니다. 그런데 이런 돈이 모이면 대체 얼마가 되는 걸까요?

[목표 : 커피]

Sun	Mon	Tue	Wed	Thu	Fri	Sat
합계 : 136,000원 30회	1년 : 163만 원 10년 : 1,632만 원	**1** 4,000원 1회	**2**	**3** 9,000원 1회	**4** 5,500원 1회	**5** 5,000원 1회
6 9,000원 2회	**7** 4,500원 1회	**8**	**9** 5,500원 1회	**10** 5,000원 1회	**11** 4,000원 1회	**12**
13	**14** 5,000원 1회	**15** 4,500원 1회	**16** 4,000원 1회	**17**	**18** 9,000원 2회	**19** 11,000원 2회
20 5,000원 1회	**21** 4,000원 1회	**22**	**23** 5,500원 1회	**24** 4,500원 1회	**25** 5,000원 1회	**26**
27 10,000원 2회	**28** 4,500원 1회	**29**	**30** 8,000원 2회	**31** 4,500원 1회	목표금액 : 5만 원 차액 : 8만6천 원	저축금액 1년 : 103만 원 10년 : 1,032만 원

커피값 줄이기를 목표로 잡았던 이 가계부의 주인은
현재 한 달 평균 커피값을 62,000원으로 줄였습니다.
목표 달성을 위해 실천했던 몇 가지 방법들이 있습니다.

커피값 절약을 위한 실천계획

1. 근무할 땐 가능한 사무실에 비치된 인스턴트 블랙커피를
   마신다.
2. 집에서는 마트에서 산 블랙커피를 마신다.
3. 친구를 만날 때 비싼 브랜드 커피숍보다는 저렴하면서
   괜찮은 커피숍을 알아두었다가 그곳에서 만난다.
4. 이렇게 해서 모아진 돈으로 2년 후 비싼 금액 때문에 망설
   였던 모피 코트(150만 원 상당)를 사서 오랫동안 입는다.

A씨는 2년도 안되어 목표로 했던 제품을 구입할 수 있었고,
지금은 더 큰 목표를 이루기 위해 또 다른 '한 줄 가계부'를
적고 있습니다.

사과 하나를 먹더라도
제일 비싼 걸로 한 개만
먹을 줄 알아야 해.
싼 걸로 여러 개 먹을 생각 말고.

절약을 위한 청사진,
실천 계획!
(예시 : 술값)

'그동안 마신 술값만 모아도 집 한 채는 될 것입니다.'

애주가들의 단골 멘트입니다.
정말 술값으로 집을 사는 것이 가능할까요?
최근 보건복지부의 발표내용에 따르면
한국인의 연간 알코올 섭취량은
1인당 평균 8.9리터라고 합니다.

소주로 치면 123병,

캔맥주로 치면 500밀리짜리 356캔입니다.

빈도로 따지면 **3일에 소주 한 병,**

혹은 매일 캔맥주 한 캔을 섭취하는 셈입니다.

계산해 보면 아래와 같습니다.

소주의 경우 : 4,000원×123병 = 약 50만 원

캔맥주의 경우 : 3,500원×356캔 = 약 90만 원

하지만 대부분의 술자리에는 안주가 따르기 마련입니다.

안주 값은 평균적으로 술값의 서너 배,

그렇다면 한국 사람들은 **연간 평균 2~300만 원을 술값**에

지출하는 셈입니다.

이 돈은 직장인 한 달치 월급에 해당되며

고급 술집을 좋아하거나

평균 이상의 술을 마시는 사람이라면,

더 많은 금액을 술값으로 지불하게 됩니다.

술은 본인의 건강을 위해서 뿐만 아니라

가정 경제를 위해서도 줄여야 한다는 것을 깨달아야 합니다.

그래서 저는 한 줄 가계부의 목표를 '**술값**'으로 정했습니다.

● 배보다 배꼽인 술값

한국 사람은 술을 참 좋아합니다. 저도 그렇습니다. 오랜만에 만나면 술잔을 기울이는 것이 정을 표현하는 방법이라 생각해서인지 저녁에 만나면 자연스럽게 술을 곁들이게 됩니다. 흥에 겨워 한 잔, 두 잔… 먹다보면 때로 과해지기도 합니다. 술만 먹을까요? 술에는 맛있는 안주가 함께합니다. 그러다 보면 술값은 두 배, 세 배… 안주가 곁들여지면서 술값은 순식간에 몇 배로 불어납니다.

술에 취해 흥에 겨우면 술이 과해지기도 하고 예상보다 큰 금액이라 할지라도 지갑은 쉽게 열립니다.

애주가들의 지갑이 가볍다는 농담이

농담만은 아닌 이유겠습니다.

적당히 먹으면 기분도 좋고 건강에도 좋은 술,

과해지면 가정 경제에도 나의 건강에도 악영향을 미칩니다.

술값은 가정 경제를 위해서나 본인의 건강을 위해서나 줄여야 합니다.

한 줄 가계부의 목표를 '술값'으로 정했습니다.

술은 식당이나 술집에서 마실 수도 있지만

집에서도 마실 수 있습니다.

집에서 마시는 날에는 술에 대한 지출만 적으면 되고,

식당에서 마실 때에는 술값과 안주를 더한

총 금액을 적으시면 됩니다.

그리고 금액 아래에 술을 마신 곳이

집인지 식당인지를 구분해둡니다.

식당에서 술을 많이 마셨다면 술값을 줄이기 위해
집에서 마시는 횟수를 늘리고,
술 마시는 빈도가 평소보다 많았다면 이 역시 줄이기 위해
노력을 해야 합니다.

[목표 : 술값]

Sun	Mon	Tue	Wed	Thu	Fri	Sat
		1 5,000원 집	2	3 23,000원 식당	4	5 55,000원 식당
6 10,000원 집	7 45,000원 식당	8	9	10 4,000원 집	11 4,000원 집	12
13 33,000원 식당	14	15 38,000원 식당	16 5,000원 집	17	18 4,000원 집	19
20 4,000원 집	21	22 38,000원 식당	23	24 64,000원 식당	25	26 10,000원 집
27 34,000원 식당	28	29 6,000원 집	30	31 22,000원 집		

합계	404,000원	목표금액	200,000원	
1년	4,848,000원	차액 합계	204,000원	
10년	48,480,000원	1년 저축	2,448,000원	
		10년 저축	24,480,000원	

[한 줄 가계부 수첩용]

목표	술 값	
날짜	금 액	집/식당
3월 1일	5,000원	집/캔2개
2일		
3일	23,000원	식당/막걸리2병
4일		
5일	55,000원	식당/막걸리2병
6일	10,000원	집/캔4개
7일	45,000원	식당/막걸리2병
8일		
9일		
10일	4,000원	집/막걸리2병
11일	4,000원	집/막걸리2병
12일		
13일	33,000원	식당/막걸리1병
14일		
15일	38,000원	식당/막걸리2병
16일	5,000원	집/캔2개
17일		
18일	4,000원	집/막걸리2병
19일		

20일	4,000원	집/막걸리2병
21일		
22일	38,000원	식당/생맥주4잔
23일		
24일	64,000원	식당/생맥주4잔
25일		
26일	10,000원	집/캔4개
27일	34,000원	식당/막걸리2병
28일		
29일	6,000원	집/막걸리3병
30일		
31일	22,000원	집/맥주6병
합계	404,000원	18회
1년 합계	4,848,000원	216회
10년	48,480,000원	2160회
목표금액	200,000원	10회
차액 합계	204,000원	
1년 저축	2,448,000원	
10년 저축	24,480,000원	

아내도 평상시 술을 즐기는 편이라

가계부를 함께 적었습니다.

3월 한 달 동안 18번의 술을 마셨고,

그 중 8번을 식당에서 마셨습니다.

한 달에 술값으로 40만 원 정도를 쓰니,

일 년 동안 오백만 원에 가까운 돈을 쓰고 있는 셈입니다.

평소보다 아끼려 노력한 것이 이렇습니다.

10년, 20년, 그 이상을 계산해본다면 **'술값으로 집 한 채'**라

는 말이 괜한 말이 아닌가 봅니다.

생각보다 많은 지출에 목표금액을

절반으로 줄여서 잡았습니다.

> 다음 달 목표금액 : 200,000원

목표금액을 정했으니 '구체적인 계획'이 있어야 합니다.

아내와 함께 구체적인 계획을 아래와 같이 세웠습니다.

술값 줄이기 실천계획

1. 술은 한 달에 10번, 삼일에 한 번꼴로 마신다. 이후 한 달 10회가 자리 잡으면 6회까지 줄여본다.

2. 식당에서 마시는 술은 한 달에 두 번, 나머지는 집에서 저녁 식사 때 마신다.

3. 맥주는 마트에서 할인 행사하는 품목 위주로 산다.

4. 막걸리는 한 달에 한 번 양조장에서 박스 단위로 택배 주문한다. (저렴하고 맛있음)

5. 외부인과의 만남은 저녁식사 대신 점심식사로 유도한다. (저녁식사는 대부분 술자리로 이어짐)

6. 술을 마실 때 물을 최대한 많이 마신다. (술 마시는 양이 줄어들고 숙취 해소에도 도움)

이렇게 구체적인 계획을 세우고 실천하면서 다음 달에도

한 줄 가계부를 작성했습니다.

다음 달
- 한 달 술값 : 234,000원(목표금액 34,000원 초과)
- 술 마신 횟수 : 9번(목표 달성)
- 집/식당 : 식당 1회(목표 달성)
- 지난 달 대비 차액 : 170,000원

이달에 새로운 적금 통장을 만들었고

남겨진 170,000원은 전액 입금했습니다.

이 적금 통장에 모일 돈은 3년 후 가족 해외여행 경비로 쓸

계획입니다.

다음 달엔 20만 원까지 술값을 줄이고 매달 20만 원씩 적

금할 것입니다.

우리는 **얼마나 먹고** 있을까요?
줄이기 쉬운 **지출 '식비'**

한국인들은 먹는 것을 참 좋아합니다.

그리고 중요하게 생각합니다.

오죽하면 인사말이 "식사는 하셨나요?"일까요.

그런 인사말은 한국인만의 독특한 문화라고 합니다.

그래서 다른 것보다 식비에서만큼은

관대한 면이 있습니다.

"먹는 것에서까지 스트레스 받고 싶지 않아요."

"먹어봤자 얼마나 먹는다고요."

그러나 의외로 생활비에서 많은 비중을 차지하는 것이
'식비'입니다. 최근 농림축산식품부에서는 한국인 월평균
식비에 대해 발표했습니다.

> 한국인의 월 평균 식비는 50만 9,430원

실질적으로 3인 이상 가정의 '식비'는 더 높을 것으로 생각
합니다. 이중 **절반이 조금 안 되는 금액인 20만 원 이상이
외식비**로 나간다고 합니다.

특히, 1인 가구나 맞벌이 가정의 경우 그 비율이 훨씬 높게
나타났습니다.

우리 집 재정 상황이 어려워진다면 어떤 소비를 가장 먼저

줄일 것이냐는 물음에, 응답자 대부분은 외식비와 식료품
비를 꼽았다고 합니다.

모두 '식비'에 해당되는 항목입니다.

그만큼 먹는 것에 많은 돈을 쓰고 있고,

또 줄이고자 마음먹으면

가장 쉽게 줄일 수 있는 것이

'식비' 항목이라는 것입니다.

그중에서도 '외식비' 비율을 줄이면

의외로 많은 돈이 절약됩니다.

예를 들어, 한국인의 단골 외식 메뉴인 '삼겹살'을 먹는다고
칩시다. 삼겹살 1인분의 가격이 9,000원에서 12,000원 정
도입니다. 한 사람이 1인분 이상 먹는 경우가 많으니, 3인
가족 기준 5인분 가량 먹는다 치면 5만 원 내외라는 계산이
나옵니다.

식성이 좋은 집이라면 10만 원이 훌쩍 넘기도 합니다.

집에서 먹으면 절반도 안 되는 저렴한 가격에 풍족하게 먹을 수 있지만 귀찮은 뒤처리와 냄새 때문에 외식을 선호합니다. 하지만 과도한 외식은 가정 경제뿐만 아니라 건강을 해치는 주범입니다.

같은 음식이라도 원가나 건강면에서 집밥이 여러모로 좋고 과식을 막아줍니다.

그럼에도 불구하고 편리한 외식을 포기하기 힘들다면, 돈의 논리로 따져보는 것이 효과적입니다.

보통 사람들은 막연하게 '건강에 좋다'는 말 보다는 보이는 숫자에 더 민감하게 반응하기 때문입니다.

그럼 '외식비' 항목에 대한 가계부를 써볼까요?

외식에는 두 가지 종류가 있습니다.

외부에 있는 식당에서 식사를 하는 '외식'과 치킨, 피자, 빵 등의 '간식'으로 나눌 수 있습니다.

마트에서 산 음료수와 술, 안주, 과자 등도 간식으로 포함합
니다.

[목표 : 외식비]

Sun	Mon	Tue	Wed	Thu	Fri	Sat
		1 12,000원 짜장면	2 19,500원 빵, 과자	3 23,000원 치킨	4 7,000원 떡볶이	5 13,000원 햄버거
27 34,000원 피자	28	29 6,000원 커피	30 17,000원 술안주	31 22,000원 맥주, 안주		

합계	450,000원	목표금액	250,000원			
1년	5,400,000원	차액	200,000원			
10년	54,000,000원	1년	2,400,000원			
		10년	24,000,000원			

한국인의 평균적인 외식 습관에 맞춰

작성한 가계부입니다.

매달 45만 원이라면, 1년이면 540만 원,

10년이면 무려 5,400만 원에 달하는 돈입니다.

이제 "먹어봤자"라는 말을 쉽게 할 수 없을 것입니다.

이러한 외식비를 25만 원으로 줄이고,

매달 남는 20만 원을 저축하면

1년에 240만 원, 10년이면 2,400만 원을 모을 수 있습니다.

이렇게 노력을 통해 외식비를 줄였을 때

모이는 돈을 어디에 사용할지 생각해보면,

더욱 큰 동기부여가 될 수 있습니다. 예를 들어

외식비를 줄여 매달 20만 원씩 개인연금에 가입한다면

여유가 없어 걱정만 했던 노후도 대비할 수 있습니다.

"먹는 거라도 마음 편하게 먹어야죠."

요즘 외식을 너무 자주해서

살도 찌고 식비가 너무 많이 들어서

고민이라는 분이 계셔서 식비 줄이는 가계부 작성법에

대해 알려드렸더니, 그 분이 농담처럼 하신 대답입니다.

하지만 편하게 먹은 것이

재정적으로, 건강상으로 불편한 결과를 가지고 온다면

정말 **'편하게'** 먹을 수 있을까요?

외식비를 줄이기 위한 구체적인 계획

1. 한 달 중 외식 횟수를 2회 이내로 정한다.

2. 요리를 배워서 집에서 요리하는 비중을 늘린다.

3. 음료수 대신 물을 마신다.

4. 외식을 했으면 커피나 디저트는 집에서 먹는다.

5. 술자리는 1차까지만, 더 마시고 싶다면 집에서 마신다.

6. 치킨이나 피자 등 습관적인 외식을 피한다.

7. 모임이나 친구와의 식사 시 더치페이한다.

8. 마트 쇼핑은 식재료 위주, 간식류는 필요할 때 소량씩 구입한다.

9. 고기나 과일, 생선 같은 신선식품은 마트의 마감 세일을 이용하고, 그 외의 간식류는 세일한다고 무턱대고 사지 않는다.

10. 냉장고는 70퍼센트 이상 채우지 않는다.

한 달에 다섯 번 이상 외식을 하거나 간식을 자주 먹는다면 한 줄 가계부를 적고 외식 대신 집밥을 늘려보세요.
가정 경제는 물론 가정의 건강까지 찾아옵니다.

재정에 맞는
소비 규모 계산하는 법
(예시 : 자동차)

요즘 집집마다 자동차 한 대는 기본입니다.

두 대 이상인 집도 늘고 있습니다.

그런데 아파트 주차장을 보면 평일 낮인데도

주차된 차들이 가득합니다.

높아진 유가와 밀리는 도로 사정 때문에 자가용이 있어도

출퇴근은 대중교통을 이용하는 사람들이 많기 때문입니다.

잠깐 외출하거나 주말 드라이브를 즐길 때 없으면 아쉬운

것이 자동차입니다.

평일에 사용하지 않는다고 해서

그만큼 자동차에 들어가는 비용도 줄어드는 걸까요?

잊을 만하면 날아오는 자동차세 명세서,

자동차보험 만기 소식, 오랜만에 서비스센터에 갔더니

교환 시기가 됐다며 교체를 권유하는 용품들.

엔진오일, 타이어, 배터리…

자동차 한 대가 굴러가는 데 얼마의 돈이 드는 걸까요?

● 국민 자동차인 2,000cc 소나타의 경우

1. 차량 가격 : 2,500만 원

2. 취, 등록세 : 약 190만 원

3. 할부로 구입할 경우 이자 및 금융수수료 : 약 120만 원

   (2천만 원에 대한 할부, 3%)

4. 블랙박스와 네비게이션 : 50만 원

5. 보험료 : 연간 약 80만 원

6. 자동차세 : 연간 약 45만 원

7. 엔진 오일 등 소모품 교환 : 연간 약 50만 원

8. 주차료 및 통행료 등 기타 : 연간 약 60만 원

※ 평균적인 산술 수치임(기름값 제외)

다음 내용대로라면 차량가격으로 2,860만 원

그리고 매년 유지비용으로 235만 원이 사용됩니다.

실제로 빠져나가는 비용뿐 아니라

떨어지는 자동차의 시세도 가상비용으로 지출됩니다.

차량의 중고차 시세는 3년이면

평균적으로 절반이라고 합니다.

2,850만 원의 2,000cc 소나타의 경우로 따지면

매년 400만 원이 이 가상비용으로 빠져나가는 셈입니다.

그렇게 매년 자동차로 인해 빠져나가는 돈은

기름값 제외하고도 600만 원 이상이 됩니다.

출퇴근이나 비즈니스를 위해

자주 자동차를 사용하는 분이 아니라면

주말에 잠깐, 혹은 특별한 일이 있을 때 이용하기 위해

600만 원을 지출하는 것은 큰 부담일 수밖에 없습니다.

자동차 대신 택시를 이용하면 어떨까요?

예를 들어 강남역에서 광화문까지의 경우

약 12킬로미터 15,000원 정도의 요금이 나옵니다.

여기에 횟수를 대입하고 1년의 기간을 곱합니다.

일주일에 2번 경우, 연간 156만 원

일주일에 4번 경우, 연간 312만 원

매일 탈 경우, 연간 547만 원

택시를 매일 타는 경우는 드무니,

자동차 유지비용에 비해 적게 드는 것은 분명합니다.

특별한 날엔 랜트카를 이용하는 것도 방법입니다.

요즘엔 카 쉐어링이 대중화되고 있어

저렴한 비용으로 차를 빌릴 수도 있습니다.

대중교통이 잘 되어 있는 지역에 거주한다면

굳이 자동차를 가지고 있지 않아도

출퇴근은 '대중교통'으로, 급할 때는 '택시'를

여행갈 때는 '기차나 렌트카'를

이용하면 불편없이 생활할 수 있습니다.

우리 집 자동차도 한 줄 가계부 작성을 통해

어느 정도의 비용이 들어가는지

자동차를 보유하는 것이 이득일지,

혹은 자신의 소득 규모에 맞는 자동차인지를

파악해볼 수 있습니다.

자동차의 경우 한 달이 아닌 6개월, 1년 단위로

나누어 보는 것이 효과적이기 때문에

달력보다는 수첩형 가계부를 활용하는 것이 좋습니다.

[한 줄 가계부 수첩용]

목표	자동차 (3월~2월, 1년간)	
날짜	지출내용	금액
3월 2일	기름	50,000원
10일	할부금	345,000원
11일	기름	50,000원
24일	엔진오일	60,000원
25일	기름	50,000원
4월 5일	주차료	4,000원
10일	할부금	345,000원
7월 30일	자동차세	240,000원
8월 2일	기름	50,000원
8월 10일	할부금	345,000원
8월 13일	보험료	768,000원
8월 21일	타이어(앞2개)	220,000원
2월 22일	기름	50,000원
26일	엔진오일	60,000원
27일	통행료	6,000원
1년 합계		8,000,000원
10년	80,000,000원	
연간 목표	5,000,000원	
차액	3,000,000원	
10년	30,000,000원	

[연간 지출 금액에 대한 상세 설명]
- 30대 회사원, 2,000cc차량, 출퇴근용 하루 평균 10킬로미터 주행
- 차량가격 2,400만 원(할부금 1,200만 원, 36개월, 3%)
- 월 4회 주유(5만 원씩)

지출 항목	금액	비고
할부금	414만 원	345,000원×12개월
기름값	240만 원	50,000원×48(월 4회)
자동차세	52만 원	지역마다 상이
엔진오일	12만 원	연 2회
타이어	22만 원	연 2개 교환
주차 및 통행료	60만 원	월평균 5만 원
합계	800만 원	

1년에 800만 원,

할부금을 다 갚은 이후(3년 이후)에는 연간 386만 원

이 차량을 10년 동안 탄다고 가정하면,

10년간 5천 만 원의 돈이 빠져나갑니다.

과연 이 사람은 돈을 모을 수 있을까요?

자신의 소득대비 너무 많은 비용을 차에 들이고 있다면

목표금액을 합리적인 수준에 맞추고

다시 소비내용을 점검하며

줄일 수 있는 부분을 찾는 것이 중요합니다.

목표금액 : 연간 240만 원(매월 20만 원)

자동차 유지비 절약을 위한 실천계획

1. 차가 꼭 필요한 게 아니라면 평소 이동 경로를 대중교통과 택시비로 계산해서 목표금액 내에서 이동하는 것이 가능하다면 과감히 처분한다.

2. 차가 꼭 필요하다면 목표금액으로 유지 가능한 소형 차량이나 연비가 좋은 차량으로 교체한다.

3. 차는 보여주는 것이 아니라 필요에 의해 타는 소모품임

을 명심한다.

2,000cc 차량을 타던 이 회사원은
한 줄 가계부를 적은 후에 차를 처분하기로 결정,
차를 처분하고 남은 돈 1,200만 원으로 소형 중고차를 구입
했습니다.

[교체 구입한 차량의 연간 유지비 비교]
– 현대 더뉴 아반떼 MD 1.6 디젤 스마트 2013년식 중고
– 차량 값 : 1,200만 원

지출 항목	2,000cc(휘발유)	1,600cc(경유)	차액
할부금	순수 연간 유지비 비교를 위해 할부금은 없는 조건으로 간주		
기름값	240만 원	130만 원	110만 원
자동차세	52만 원	28만 원	24만 원
엔진오일	12만 원	6만 원	6만 원
타이어	22만 원	12만 원	10만 원
주차 및 통행료	60만 원	60만 원	0
합계	386만 원	236만 원	150만 원

※ 같은 주행거리, 유가 및 연비고려

새로운 차량 연간유지비 : 236만 원(월 평균 약 20만 원)

차액 : 연 150만 원, 10년 : 1,500만 원

차량의 배기량을 400cc만 줄여도

연 150만 원의 유지비가 줄고,

10년 후에 1,500만 원이 모아집니다.

시간이 지남에 따라 차량 값이 떨어지는

감가상각을 더하면 더 많은 돈이 모아지게 됩니다.

일상 생활을 윤택하고 편리하게 해주는 자동차,

그 존재감은 알겠지만

소득대비 과한 비용을 사용하고 있다면,

경제 생활의 윤택함은 낮아지게 될 것입니다.

자동차뿐만 아니라 정기적으로 많은 유지비가 들어가는

품목의 경우 남의 이목보다는

내 소비 규모와 생활패턴에 맞는 선택을 하되

실속을 우선으로 따져야 합니다.

"세상에는 이치라는 것이 있지.
남들보다 2배 더 벌려면 2배의 노력을 해야 하고,
10배 더 벌려면 10배의 노력을 해야 하는 거야.
근데 몸이 피곤하면 노력은 고사하고 만사가 귀찮아지거든.
일이 있어도 미루거나 대충 해버리고 말이야.
그런 게 반복되면 어떤 일도 할 수 없게 되고 스스로 도태되고 말지."

하루의 에너지를 어디에 사용하느냐에 따라
부자가 될 수도 있고, 그저 그렇게 살 수도 있다.

따져보면 줄일 수 있는
지출은 무엇인가
(예시 : 통신료)

발전된 기술은 삶을 윤택하게 해줍니다.

특히 인터넷과 스마트폰의 등장은

우리의 삶에 큰 변화를 가져왔습니다.

요즘에는 누구나 핸드폰을 가지고 있고,

어디에서나 인터넷에 손쉽게 접속합니다.

하지만 시장경제에서

편리함은 대가를 지불해야 하는 소비재,

현대사회에서 누구나 공감할 법한 문제인
'통신비'에 대해 다뤄보려 합니다.

국내 2인 이상 가구의 월평균 통신비는 150,350원
OECD 가입 국가 중 3위 (1위 미국, 2위 일본)

※통계청 발표 자료 기준

OECD 국가 중 미국, 일본 다음으로
세 번째라고는 하지만
소득 수준을 따지면 미국, 일본이 훨씬 높으니
소득대비로 본다면 한국이 제일 높은 셈입니다.
통신비는 **핸드폰 사용료, 전화료**뿐만 아니라
인터넷 사용료, TV 사용료 모두를 포함합니다.
이를 모두 포함하면 가구당 평균 통신비는
통계청 수치를 훌쩍 넘을 것입니다.

3인 가구를 기준으로 평균 통신료를 예상해 보겠습니다.

[가구당 평균 통신료]

스마트 폰	155,000원 (3대)
인터넷, TV사용료(유선)	22,000원
TV시청료, 기타 유선전화	26,000원
합계	203,000원

※ 3인 가구 기준

실제로 주변 지인이나 개인 상담을 하며 물어보면,
기계값 분납금 등으로 인해 3인 가구인 경우
스마트 폰 사용료가 위에 기재된 금액을 넘는 경우도
상당수였습니다.

왜 이렇게 많은 비용이 들까요?

> 핸드폰의 평균 교체주기 15개월
>
> 12개월 이내 교체하는 경우가 77%
>
> ※ 출처 : 미래창조과학부

다른 나라에 비해 압도적으로 빠른 주기입니다.

당연히 통신비 증가에 영향을 미칠 수밖에 없습니다.

유독 한국인의 휴대폰 교체 시기가 짧은 데에는

제조사와 이동통신사의 부추김이 큰 역할을 합니다.

제조사는 신제품을 쏟아내며

인기 있는 광고 모델을 내세워

트렌드를 따라오라고 손짓하고,

이동통신사에서는 위약금 납부 등

다양한 할인혜택을 앞세워,

오히려 바꾸지 않는 사람이 손해라는

기분을 느끼게 만듭니다.

하지만 과도하게 책정된 할인 정책에는

조삼모사 형태의 눈속임이 있는 경우도 있으니 잘 따져보

셔야 합니다.

여기에 정부는 통신사와 제조사의 담합을 규제한다며,

단통법을 시행했지만 오히려 서민의 통신비 증가만 부추겼

습니다.

이제 '한 줄 가계부'를 통해 통신비 사용법에 대해 통신사

나 이동통신사가 아닌 사용자의 입장에서 합리적으로 책정

해 보려 합니다.

목표 : 통신비

목표는 '통신비'가 되고, 한 달 동안 쓴

스마트폰 요금과 유선전화, 인터넷 그리고 TV와 관련된

모든 요금을 적습니다.

[통신료 한 줄 가계부 작성하기 수첩용]

목표금액 : 120,000원

목표	통신료	
날짜	항목	금액
3월 20일	휴대폰 (아빠)	65,000원
22일	휴대폰 (엄마)	55,000원
25일	휴대폰 (자녀)	45,000원
25일	인터넷, TV	33,000원
30일	유선전화	6,000원
합계	204,000원	
1년 합계(×12)	2,448,000원	
10년 합계	24,480,000원	
다음 달 목표	120,000원	
차액 합계	84,000원	저축할 수 있는 돈
1년 저축	1,008,000원	
10년 저축	10,080,000원	

통신료 절감을 위한 실천 계획

1. 휴대폰 요금제는 사용 패턴을 파악해서 기존 사용량보다
   저렴한 것으로 변경, 수시로 통화 시간과 데이터를 점검

하면서 사용한다. 요금제에서 데이터 비중이 큰 만큼 꼭 필요 없는 경우에는 데이터를 끊는다.

2. 휴대폰 구입 시 최신폰보다 출시 기간은 조금 지나도 기능적인 면을 따져 효율적인 선택을 한다.

3. 요금제 할인이 되는 신용카드를 확인한다. (대부분의 신용 카드사는 통신비 할인 카드가 있고, 월 30만 원 이상 사용 시 평균 1만 원의 할인을 해준다.)

4. 집 전화는 인터넷 전화보다는 KT 일반전화로 교체하여 기본요금만 내고 수신용으로 사용하거나 비상시에만 사용한다. (인터넷 전화는 모뎀과 충전기를 계속 사용해서 요금이 저렴해 전기를 많이 사용하고, 잦은 기기 고장과 약정 기간 내 해지 시 위약금이 발생한다.)

5. 가족 모두 한 개의 통신사로 묶어 가족 할인을 받는다.

6. 사용이 적은 유료 서비스는 해지한다.

7. 65세 이상 어르신의 경우 통신사에서 부여하는 별도의 할인 요금제를 가입한다. (예시 : 실버요금제 9,900원)

8. 데이터 사용과 통화량이 적은 사람은 알뜰폰에 가입한
   다. (우체국 알뜰폰의 경우, 기본료 1,000~4,000원의 저렴한 요금제
   를 이용할 수 있다.)
9. TV 요금제는 꼭 필요한 채널 위주로 선택한다. 요금이
   비싼 100개 이상의 채널을 모두 보는 경우는 거의 없다.

통신료 절감 실천 결과

1. **아빠의 스마트폰**(잔여 할부 12개월, 55요금제)
   ➡ 45 요금제로 변경, 유료서비스 2건 해지,
      월 1만 2천 원 절약

2. **엄마의 스마트폰**(잔여 할부 5개월, 45요금제)
   ➡ 40 요금제로 변경, 유료서비스 1건 해지,
      월 1만 천 원 절약, 할부 종료 시 알뜰폰으로 교체

3. **자녀의 스마트폰**(할부 종료, 34요금제)
   ➡ 알뜰폰으로 교체, 월 사용료 2만 원 예상,
      월 2만 5천 원 절약

4. 인터넷 + TV

➡ 결합상품, 인터넷은 그대로, TV는 채널 변경,

9천 원 절약

5. 집 전화 해지

➡ 사용이 거의 없음, 6천 원 절약

6. 통신비 할인 카드 신청

➡ 매월 1만 원 절약(월간 30만 원 카드 사용)

총: 7만 3천 원 절약

(아빠, 엄마의 할부 기간 종료 후엔 총 10만 원 가량 줄어듦)

지출 항목	기존	변경	차액
스마트폰(아빠)	65,000원	53,000원	12,000원
스마트폰(엄마)	55,000원	44,000원	11,000원
스마트폰(자녀)	45,000원	20,000원	25,000원
인터넷, TV	33,000원	24,000원	9,000원
집전화	6,000원	해지	6,000원
통신비할인카드		-10,000원	10,000원
합계	204,000원	131,000원	73,000원

차액은 73,000원,

1년이면 876,000원, 10년이면 876만 원

문명의 혜택을 누리기 위해 매년 250만 원을 쓴다는 건

너무 아깝습니다.

혜택은 누리되 조금만 절약한다면

매년 100만 원의 돈을 줄일 수 있습니다.

하루 **한 줄**, 후회되는
한 가지

돈을 쓰고 나면 후회될 때가 있습니다.

어디에 썼는지 가물가물할 때도 있고,

알더라도 되돌릴 수 없는 경우도 있습니다.

이런 실수를 계속해서 반복하지 않으려면

'하루 중 가장 후회되는 지출'을 목표로

한 줄 가계부를 적어보세요.

그것은 비싼 점심값일 수도 있고,

길거리에서 산 액세서리,

충동적으로 산 취향과 다른 립스틱,

술김에 계산한 술값일 수도 있습니다.

직장 동료, 가족, 친척, 친구, 연인, 학교 선배…

무수한 인연의 끈으로 연결된 사회에서

별 탈 없이 살아가려면

불필요해 보이는 지출이 사실 필요할 때도 있습니다.

수입이 늘수록 이전보다 돈이 남아야 정상인데

이상하게 필요한 지출보다

불필요한 지출이 늘어나게 됩니다.

불필요한 지출이란

꼭 필요한 것이 아닌데 충동적으로 지출했거나,

지출을 한 후에 후회되거나 어딘지 찜찜한 경우를

말합니다.

목표를 '가장 후회되는 지출'로 잡고

매일 한 가지씩 적어보세요.

아무리 생각해도 없다면 그 날은 기분 좋게

'0'이라고 적으면 됩니다.

"가장 후회되는

한 가지를 적고

그 총합을 계산해보다."

[목표 : 가장 후회되는 한 가지]

Sun	Mon	Tue	Wed	Thu	Fri	Sat
		1 11,000원 돈가스	2 19,000원 영화 (재미없음)	3 16,000원 택시비	4 2,000원 생수 2병	5 0
6 10,000원 커피	7 45,000원 외식(족발)	8 33,000원 옷	9 10,000원 반찬 (맛없음)	10 4,000원 라면 5개	11 4,000원 커피	12 16,000원 치킨
27 34,000원 외식	28 0	29 6,000원 빵	30 0	31 22,000원 맥주		

합계	355,000원	목표금액	100,000원
1년	4,260,000원	차액	255,000원
10년	42,600,000원	1년	3,060,000원
		10년	30,600,000원

가장 후회되는 지출 한 가지를 목표로 가계부를 쓰다 보면

지금 돈을 쓰면 한 줄 가계부를 써야하지 않을까에 대해

다시 생각해보게 됩니다.

그런 고민을 하게 된다는 것은

꼭 필요하지 않다는 의미겠지요.

처음에 시작할 때는 그런가 보다 했는데,

가계부가 빼곡해질수록 어쩐지 기분이 나빠집니다.

매일 후회하는 일이 한 가지씩 있다는 것이

아무래도 기분 좋은 일은 아니기 때문입니다.

그래서 지출을 할 때 한 번 더 생각을 하게 됩니다.

'이걸 쓰면 또 가계부를 써야 하겠지'

자연스럽게 후회되는 지출은 줄게 됩니다.

간혹 '돈을 쓰면서 후회한 적이 없어요,

그래서 쓸 게 없어요.'라고 하시는 분들이 계십니다.

이런 경우 둘 중 하나입니다.

1. 정말로 지출을 철저히 하는 경우

2. 돈을 쓰고 나서 돌아보지 않는 경우

만약 두 번째 경우라면 생각해본 적이 없어서 후회를 할 여
지가 없는 경우입니다.
이런 경우 한 달간 한 줄 가계부를 써본다면
그 결과에 놀랄 수밖에 없습니다.
하루에 한 줄씩 후회되는 지출에 대해서만 적어놔도
불필요한 것을 구매하거나 충동적으로 소비하는 습관이
많이 고쳐집니다.
이렇듯 가계부는
단순히 소비내역에 대해서 정리하는 것이 아니라

소비습관을 개선할 수 있도록 '제대로' 쓰는 것이
중요합니다.

'하루 한 줄 가계부'
작성법

어떤 일이든 마음가짐이 가장 중요한 법입니다. 알지만 또 마음대로 안 되는 것이 사람의 마음입니다. 한 줄 가계부는 보상과 자극이라는 두 가지 심리효과를 이용해 끊임없이 동기부여할 수 있는 시스템을 구축하고 있습니다.

STEP1. 새는 구멍을 찾아 목표로 정하기
예를 들어 평상시 외식비에 많은 돈을 쓰는 편이라면 이 달의 목표를 외식비로 정하면 됩니다.

목표 : 외식비

STEP2. 한 달간 한 줄 가계부 작성하기

한 달간 해당 항목에 해당하는 지출을 할 때마다 가계부를 작성합니다. 가계부 작성 항목은 아래순서입니다.

지출내용, 횟수, 금액

STEP3. 한 달간 작성한 가계부 내용을 토대로 해당 항목에 대한 소비패턴 분석하기

지난 한 달간의 지출내역이 모이면, 한 달 총액을 산출하고, 그것을 평균치로 잡아 1년간, 10년간의 총액을 계산합니다.

한 줄 가계부 한 달 지출 총액 x 12개월 = 일 년 치
일 년 치 금액 x 10 = 십 년 치

계산 결과가 생각보다 놀라우신가요?

자신의 소득대비 과한지출을 정하고 있다면 바로 목표금액
을 설정해 절약을 위한 〈한 줄 가계부〉 쓰기에 다시 돌입합
니다.

STEP4. 한 줄 가계부 목표금액 설정하기

만약, 분석결과 해당 항목에 대해 합리적인 소비를 하고 있
었다면 다른 새는 구멍을 찾아보시는 것도 좋습니다.
무리해서 소비를 절제하다보면 생활에 문제가 생기거나 의
욕이 떨어져 가계부 쓰기를 지속하기 힘들 수 있습니다.
그러므로 목표금액은 처음부터 높게 잡기보다 실천 가능한
적정 금액으로 설정하는 것이 좋습니다.

> 목표금액은 전 달 지출금액의 -30%

STEP5. 목표금액 달성을 위한 실천 계획 및 보상 설정하기

목표와 목표금액을 분명히 결정한 다음 어떤 상황에서 그 항목에 많은 지출을 하는지 상세히 분석해 목표금액을 달성할 수 있는 구체적인 실천 계획을 세웁니다.

그리고 그렇게 모인 돈의 사용처도 생각해둡니다. 어떤 일이든 보상이 따라야 의욕이 생기는 법입니다.

STEP6. 항목을 바꿔 반복하기

그렇게 조금씩 돈이 모이기 시작하는 것이 보인다면, 이제 다음 목표를 정해 위 단계대로 동일하게 시행합니다. 이미 습관이 밴 소비에 대해서는 어느 정도 유지되므로, 다음 목표를 정해 넘어가는 것입니다.

외식비, 술값, 통신료······.

이렇게 낭비되는 돈을 하나씩 줄이다 보면

어느새 내 소득 규모에 맞는 지출습관이 정착됩니다.

대표적인 5개 항목의 낭비지출만 막아도 많은 돈이 아껴집
니다.

구체적으로 어느 정도의 돈이 아껴지는지 계산해보겠습니다.

아래 금액은 항목별 월평균 금액을 예시로 든 것입니다.

1. 자동차 : 25만 원 (할부금 제외)

2. 외식비 : 35만 원 (커피값, 술값 제외)

3. 술값 : 25만 원

4. 통신비 : 20만 원

5. 커피값: 15만 원

_____

한 달 합계 = 120만 원

1년이면 1,440만 원

10년이면 1억 4,400만 원

절반만 줄여도,

1년이면 720만 원

10년이면 7,200만 원

20년이면 1억 4,400만 원

30년이면 원금만 2억 1,600만 원

낭비지출 중 절반만 저축해도

30년이면 2억 원입니다.

이렇게 모은 돈을 기반으로

오피스텔을 구입하거나 상가에 투자할 수도 있고

노후를 위한 연금으로 돌릴 수도 있습니다.

즉시연금에 넣는다면 매달 100만 원(20년 확정형)에 가까운

노후 재원을 받을 수 있어 많은 도움이 될 것입니다.

노후 준비, 투자 밑천,

버는 돈이 부족해서 마련하지 못한 것이 아니라

새어나가는 돈을 막지 못해서 준비하지 못한 것입니다.

낭비되는 돈을 **자산으로 바꾸는**
'가계부 통장'

한 줄 가계부를 쓰기 시작하면

지출이 줄면서 통장에 남는 돈이 쌓입니다.

그렇게 생긴 쌓인 돈은 어디로 갈까요?

통장에 그대로 두면 그 돈은 금새

어디론가 또 사라져버립니다.

그래서 한 줄 가계부를 통해 여윳돈이 생기면,

바로 다른 통장으로 옮겨 두어야 합니다.

**한 줄 가계부로 인해 생긴 새로운 통장의 이름은
'가계부 통장'입니다.**

통장에는 두 가지 종류가 있습니다.

1. 매달 일정금액을 동일한 날짜에 저축하는 '정기적금'
2. 언제든지 자유롭게 저축하는 '자유적금'

가계부 통장은 '자유 적금'으로 만드는 것이 좋습니다.

매달 목표 달성률이 조금씩 달라질 수 있기 때문입니다.

한 줄 가계부를 통해 생긴 차액, 즉 여윳돈은

한 달 단위로 정산하여 즉시 이 가계부 통장에 입금합니다.

그리고 통장에 입금된 금액은 가계부 상단에 적어둡니다.

매월 얼만큼의 돈이 모이는지 한눈에 보기 위해서는

아래와 같은 형태로 따로 기록하시면 더 좋습니다.

가계부 통장		
날짜	금액	목표
3월	264,000원	외식비
4월	305,000원	외식비
5월	350,000원	외식비
6월	262,000원	술값
7월	355,000원	술값
8월	385,000원	술값
9월	402,000원	술값
10월	122,000원	옷값
11월	195,000원	옷값
12월	219,000원	옷값
1월	116,000원	커피값
2월	125,000원	커피값
합계	3,100,000원	

위의 내용을 보면 〈한 줄 가계부〉를 통해

1년 동안 〈가계부 통장〉에 모인 돈은 310만 원,

웬만한 월급쟁이의 한 달 월급입니다.

가계부 통장 활용법

'구체적인 목표'를 정하면 효과적이다.

1. 5년 단위로 모아 가족 해외여행 경비로 쓴다.

2. '종잣돈 천만 원을 모은다' 식으로 목표금액을 정하고 투자 재원을 마련한다.

3. 5년 후 차량 교체비용에 쓴다.

4. 1년마다 모아진 돈으로 대출을 갚는다.

5. 어차피 쓰고 없어질 돈이었기에 과감하게 절반을 잘라 불우이웃을 돕는다.

〈한 줄 가계부〉와 〈가계부 통장〉을 함께 쓰면

1. 한 줄 가계부를 통해 줄어든 지출을 고스란히 모을 수 있다. 남는 돈은 반드시 어디론가 써버리는 법, 잡아둬야 모을 수 있다.

2. 자녀들에게 훌륭한 경제교육 교재로 활용할 수 있다.

지출 관리를 위한 '한 줄 가계부'와 푼돈을 모아 목돈이 되는 '가계부 통장'은 아이들에게 훌륭한 산교육이 된다.

3. 자산관리에 자신감이 생긴다.

자산관리는 지출관리부터 시작됩니다.

지출관리를 잘 하면 자산관리에 자신감이 생겨

가정 경제를 이끄는 데 큰 도움이 됩니다.

 한 줄 가계부

STEP. 2

최적의 생활비를
찾아라

• 왜 매달 생활비가 부족할까? • '무조건' 줄일 것이 아니라 '무엇'을 줄일지 파악하라 • 절대 흔들리지 않는 기준을 가져라 • 누구나 돈을 모을 수 있는 'ABC 가계부' 작성법 • 돈 모으기의 성공과 실패의 한 끗 차이!

돈을 많이 벌고 싶다면,
당신의 그릇부터
키워야 한다.

왜 매달 **생활비가**
부족할까?

우리 집에 돈이 없는 이유. 둘 중 하나입니다.

1. 버는 게 적든지

2. 많이 벌어서 많이 쓰던지.

전자라면 소득을 더 올려야 하고,

후자라면 쓰는 것을 과감히 줄여야 합니다.

'말은 쉽지'

맞습니다. 말처럼 쉽다면 누구나 부자가 되었을 겁니다.

쉽지 않지만 신경 쓴다면 얼마든지 할 수 있습니다.

소득을 늘리기 위해 맞벌이를 하고,

투잡을 뛰고, 자기계발도 열심히 합니다.

이렇게 해서 소득이 늘었다 해도 아깝게 써버린다면

나아지는 것 없이 그저 시간과 에너지만

낭비한 셈이 됩니다.

이런 사람들이 자주 하는 말

"별로 쓴 것도 없는데 돈이 없어요"

쓴 것도 없는데 돈이 없다는 건

인지조차 못하는 곳에 자주 돈을 썼다는 얘기입니다.

습관처럼 마시는 커피,

입맛대로 사먹는 점심식사,

퇴근길에 가볍게 한잔,

주말엔 외식,

마트에서 일주일치 장보기,

기타 등등…….

당연히 써야할 돈이라며 습관처럼 쓰기 때문에

인지하기 어렵습니다.

이러한 지출은 줄일 생각도 않지만

막상 줄이려 해도 좀처럼 줄지 않습니다.

재무 상담을 받아보면 제일 먼저 듣는 말.

"생활비가 많습니다. 10%만 줄이세요"

생활비가 줄여질까요?

잘 알다시피 처음엔 줄였더라도

몇 달 지나면 금새 제자리로 돌아옵니다.

머니세미나가 시작되면

첫 번째 만남에서 숙제를 내줍니다.

두 달간 'ABC 가계부' 쓰기

대부분 반신반의 ABC 가계부를 쓰기 시작합니다.

그러나 그렇게 한 달이 지나면 눈빛부터 달라집니다.

이들이 한결같이 하는 말

'우리 집에 이렇게 많은 낭비가 있는 줄 몰랐어요'

한 달이 더 지나면 앉은 자세마저 달라집니다.

이들이 한결같이 하는 말

'저축에 자신이 생겼어요, 목표 달성하는 건 시간문제예요'

그렇게 ABC 가계부로 자산관리에 자신감이 붙은 이들은

지금 이룬 성과에 만족하지 않고 새로운 목표를 향해

끊임없이 문을 두드립니다.

당연히 세미나장에서도 가장 앞자리에 앉아

즐거운 표정으로 강연에 참석합니다.

앞서 이야기한 대로 저축을 못하는 이유는

돈이 없어서가 아니라

얼마를 쓰고 얼마를 남겨야 할지를 몰라

저축을 계속할 자신이 없기 때문.

앞서 소개한 '한 줄 가계부'가 목표한 특정 항목의

지출을 줄이는 데 효과적이라면

'ABC 가계부'는 우리집 전체의 낭비지출을 막아

필요한 최적의 생활비를 찾게 해주는

강력한 지출 통제 수단입니다.

(ABC 가계부는 전작인 〈부자들의 가계부〉에서도 소개가 되었습니다.)

한줄 가계부가 지출관리의 입문용이라면

ABC 가계부는 심화용으로 적합니다.

머니세미나에 참석한다는 마음으로

딱 두 달간 'ABC 가계부'를 작성해보세요.

'무조건' 줄일 것이 아니라
'무엇'을 줄일지 파악하라

ABC 가계부의 가장 큰 특징은 우선순위입니다.

시간 관리의 기본이 우선순위를 통해

기회비용을 줄이는 것이듯

지출 역시 우선순위를 정해 효과적으로 관리해야 합니다.

우선 순위는 크게 4가지로 나뉩니다.

1. 꼭 필요한 것

돈 쓰는 우선 순위

꼭 필요한 것 A	필요한 것 B
있으면 좋은 것 C	없어도 되는 것

2. 필요한 것

3. 있으면 좋은 것

4. 없어도 되는 것

첫 번째, 꼭 필요한 것은 기본적인 생활 영위를 위해

필수적으로 지출되어야 하는 비용을 말합니다.

꼭 필요한 옷과 식료품비,

주거와 관련해 지출되는 비용

교통비, 관리비, 등록금 등도 포함됩니다.

이는 모두 인간적인 생활을 위해 필수적인 의식주와 연결되어 있습니다.

우선순위 중에서도 이렇게 **꼭 필요한 지출**은 'A'라고 부릅니다.

두 번째, 꼭은 아니지만 필요한 지출이 있습니다.

자녀들의 교육비 혹은 건강관리를 위한 운동비,

자기계발을 위한 학원비와 책값

그리고 미래를 위해 가입하는 보험료 등등.

없으면 당장 불편한 것은 아니지만

지금의 삶을 미래에도 보장하기 위해,

혹은 삶을 더 풍족하게 만들기 위해 필요한 것들입니다.

이러한 지출을 'B'라고 부릅니다.

하지만 살다 보면 필요한 것에만 돈을 쓰게 되지 않습니다.

있으면 좋은 것 혹은 없어도 무관한 것에

허무하게 돈을 쓰기도 합니다.

계속해서 비슷한 스타일,

비슷한 색상의 옷만 구매하는 사람도 있고,

기능상 큰 차이가 없는데 새로운 기계가 나오면 일단 사고 보는 사람도 있습니다.

또, 유난히 충동적인 소비 성향이 강하거나, 때론 사회생활을 위해 원하지 않는 것에 돈을 쓸 때도 있습니다.

이런 것을 모두 합쳐서 'C'라고 부릅니다.

'C'의 유형은 다시 두 가지로 나뉘는데,

첫 번째 '있으면 좋은 것', 두 번째 '없어도 되는 것'입니다.

첫 번째, 있으면 좋은 것이란 생활을 위해 필수적이지는 않지만, 보다 다양하고 편리한 혜택을 누리는 데 사용되는 지출을 말합니다.

예를 들어 TV에서 본 맛집이 떠올라서 외식을 선택하는 경우,

비슷한 색감과 기능의 화장품을 계속해서 사는 경우,

아직 휴대폰이 멀쩡하지만 성능이나 디자인이 업그레이드되어 나온 신제품을 사는 경우,

모두 있으면 좋은 지출에 해당됩니다.

대부분의 낭비지출은 있으면 좋은 것이 과해질 때 발생합니다.

두 번째, 없어도 되는 것이란

목적을 가지고 구매하는 것이 아니라

그냥 흘려버리는 지출을 말합니다.

예를 들어, 대출 이자나 주차위반 과태료, 연체료 등이 이 항목에 해당됩니다.

이 부분은 꼼꼼히 챙기기만 해도 없앨 수 있는 항목입니다.

이러한 지출은 아예 0으로 만드는 것이 좋습니다.

정리하자면 지출은 크게 ABC로 나누어

우선순위를 설정할 수 있습니다.

그 중에서 꼭 필요한 지출은 'A'

필요한 지출은 'B'

있으면 좋은 것과 없어도 되는 것은

모두 'C'입니다.

마트에 쇼핑을 갑니다.

카트에 막연히 '필요할 것 같은' 물건들로 가득 채웁니다.

이제 지금 담은 물건이

A인지 B인지 그도 아니면 C인지,

머릿속으로 분류해봅니다.

그러면 카트에 담겨 있는 상당수는 다시 진열대로 돌아갑니다.

이러한 작은 습관 하나가 전체 지출에 미치는 영향은

절대적이 됩니다.

절대 **흔들리지 않는**
기준을 가져라

우리 집 냉장고는 구입한 지 오래되었습니다.

요즘 따라 음식도 빨리 쉬는 것 같고

밤이 되면 모터 소리도 크게 들립니다.

마침 홈쇼핑에서 최신 냉장고를 판매합니다.

매장에서 구매하는 것과는 비교할 수 없는 할인율에,

혹하는 사은품까지 끼워준다고 합니다.

이번 기회를 놓치면 왠지 이렇게 할인된 가격에 냉장고를 구매할 수 없을 것 같아 초조해집니다.

'고치면 얼마간 더 쓸 수 있긴 한데…'

'얼마 안가 또 고장난다면 지금 사는 것이 이득 아닐까?'

망설이다가 마감 5분이 남았다는 쇼호스트의 멘트에

자신도 모르게 전화기를 들었습니다.

살림을 하는 여성이라면 가전제품을 중요하게 생각하므로

이 구매를 A 또는 B라고 분류할 것입니다.

반면 남성들은

'고쳐 쓰면 되는 데 멀쩡한 걸 왜 바꾸나'라며

C라고 대답할지도 모르겠습니다.

이번에는 남자의 경우를 살펴보겠습니다.

남편은 요즘 들어 툭하면 술을 마시고 늦게 들어옵니다.

공적인 회식이나 동창회 등은 그렇다 치고 굳이 필요하지

않은 모임도 만들어 가며 술을 즐기는 것 같습니다.

종종 이런 자리에서 결제한 술값 영수증을 우연히 발견하

는 날이면 두 배로 화가 납니다.

어제도 새벽이 다 되어서 들어왔는데,

식탁을 보니 20만 원짜리 술값 영수증이 놓여있습니다.

이날 쓴 술값은 ABC 중 어디에 해당될까요?

아내의 입장에서는 당연히 C겠지만

남편의 입장은 다를 수 있습니다.

사회생활이나 비즈니스상 필요하다고 여겨지는

자리였다면 B로 분류될 수도 있습니다.

이렇듯 ABC의 기준은 개인 각자의 상황에 따라

달라질 수 있습니다.

나에게 꼭 필요한 물건이 남에게는

쓸모없는 물건일 수도 있는 것처럼 말입니다.

중요한 것은 명확한 기준이 있어야 한다는 것입니다.

물론 처음부터 기준을 정하기는 어렵습니다.

하지만 ABC 가계부의 작성법을 따라가다 보면

그 기준은 자연스럽게 정해집니다.

돈을 아끼기 위해 궁핍한 생활을 감수하지 마라,
그 생활이 평생이 된다!

"돈 없다는 말을 입에 달고 살면 평생 돈 없이 사는 거야.
만날 돈 없다고 노래를 부르는데 어떤 사람이 좋아하겠어.
좋아하는 사람이 많아야 돈 벌 기회가 많을 텐데 말이야."

누구나 돈을 모을 수 있는
'ABC 가계부' 작성법

ABC 가계부는

우리 집 '최적'의 생활비를 찾는 도구입니다.

얼핏 절약한다고 하면

무조건 지출을 '최소'로 하고

절제하는 것만 생각합니다.

하지만 그런 삶은 팍팍하고 궁색해집니다.

반면, '최적'의 생활비로 산다는 것은

소득 규모에 맞게 필요한 지출만 하고

불필요한 지출은 줄인다는 의미이기 때문에

그 불편함이 크지 않습니다.

당장 구매하고 싶은 욕구에 대한

아쉬운 감정은 있겠지만

시간이 흐르면 그런 마음은

돈이 모이는 만족감으로 바뀌게 됩니다.

삶은 더욱 여유로워지게 됩니다.

그렇다면 지금 나의, 혹은 우리 가정에 알맞은

생활비는 얼마일까요?

ABC 가계부를 쓰기 위해서는 아래와 같은 준비물이 필요

합니다.

ABC 가계부 작성법

1. 매일 지출한 금액을 항목별로 적습니다.

2. 항목 앞에 ABC를 분류하고, C 항목은 빨간색으로 표시합니다.

3. 당일 C 항목의 합계 금액을 하단에 적습니다.

4. 노트의 한 장을 마칠 때마다 아랫부분에 지출과 C 항목의 누적 금액을 적으면 지출 조절을 하는 데 도움이 됩니다.

5. 한 달간 작성 후 총 지출 금액과 C 항목의 총 금액을 적습니다.

6. 두 달간 작성하는 것이 원칙이나 C 항목이 남아있다면 세 달, 네 달 계속해서 항목이 0이 될 때까지 작성합니다.

- 3월 12일 지출 내역 예시

  A 출근교통비 6,700원

  A 점심값 6,000원

  C 커피1잔 4,500원 ✓

  B 책 구입 11,000원

  B 학원비 80,000원

  C 호프집 35,000원 ✓

  C 택시 11,000원 ✓

  C 항목 총 50,500원

ABC 가계부 작성 시 주의 사항

1. 스마트폰이나 PC로 쓰는 것보다 손으로 쓰는 것이 효과 적입니다.

2. 가족 모두 동참해야 합니다. 낭비 지출은 개인적 지출에 서 많이 발생되기 때문에 서로의 지출을 공유하지 않으 면 낭비지출을 줄이기 어렵고, 최적의 생활비를 정확히

파악하기 힘듭니다.

3. 미루지 말고 매일 작성합니다. 며칠 미루면 지난 지출을 생각하기 귀찮아 이내 포기하게 됩니다.

4. 가족 모두에게 공정한 기준을 적용해야 합니다. 가령 본인과 아이들이 쓰는 지출은 A 아니면 B로, 배우자가 쓰는 지출 대부분을 C로 표기해선 안 됩니다.

[ABC 가계부](10. 1 ~ 10. 31)

ABC	일 자	내 용	금 액	비 고
A	10. 1 월	교통비	4,300	아내
A			7,800	남편
A		점심값	6,500	아내
A			6,000	남편
B		서진이 수학학원	250,000	3월분
B		우유 배달비	35,000	2월 분
C		민주 간식	7,900	도너츠와 핫초코
			C 합계 7,900원	
A	10. 2 화	교통비	4,300	아내
A			7,800	남편
A		점심값	6,000	아내
A			6,000	남편
A	10. 3 수	교통비	4,300	아내
A			7,800	남편
A		점심값	6,000	아내
A			6,500	남편
C		커피 2잔	9,900	남편, 회사
B		민주 옷	33,000	원피스
			C 합계 9,900원	

지출 누적 : 250,100원

C 누적 : 17,800원

ABC	일 자	내 용	금 액	비 고
A	10. 30 화	교통비	4,300	아내
A			7,800	남편
A		점심값	4,500	아내
A			7,000	남편
C		외식 – 피자	23,000	세트메뉴
			C 합계 23,000원	
A	10. 31 수	교통비	4,300	아내
A			7,800	남편
A		점심값	6,000	아내
A			6,000	남편
C		커피	5,500	아내
C		택시	8,800	남편
			C 합계 14,300원	

10월 지출 누적 : 4,619,300원

10월 C 누적 : 1,525,390원

[ABC 가계부 결과]

날짜	총 지출	전월 대비	C 지출	전월 대비
10월	4,619,300원		1,525,390원	
11월	3,221,440원	−1,397,860원	853,190원	−672,200원
12월	2,890,860원	−330,580원	0	−853,190원

ABC 가계부를 세 달간 작성한 실제 사례입니다.

ABC 가계부를 한 달간 작성한 결과

평소 생활비 지출이 많았던 이 가정은

생활비 461만 원 중 152만 원이 C라는 것을 발견했습니다.

3분의 1이 낭비지출인 셈입니다.

둘째 달엔 C 항목을 줄이는 데 초점을 맞췄고

그 결과 생활비는 139만 원 줄어 322만 원이 되었습니다.

특히 C 항목이 가장 크게 줄었습니다.

C 항목 : 전 월 총액 − 67만 원 = 85만 원

하지만 여전히 C 항목이 높아

한 달 더 가계부를 작성하기로 했습니다.

셋째 달에는 생활비 33만 원이 줄어 289만 원을 지출했고,

C 항목은 0이 되었습니다.

사례 속 가족의 최적의 생활비는 290만 원으로 정해졌고,

이 상한선을 유지하기 위해 노력하며

자산을 늘려가고 있습니다.

저는 머니세미나 또는 강연에 오신 분들께

종종 ABC 가계부를 두 달간 쓰는 과제를 드립니다.

보통 자산관리라 하면 절약보다는

막연히 돈을 굴리는 데 초점을 맞춰

생각하시는 경우도 많기에,

가계부 쓰기 과제를 드리면 고개를 갸웃거리는 경우도

있습니다.

하지만 저는 일단 두 달만 해보라고 하며

이렇게 말씀 드립니다.

"자산관리의 기본은 새는 돈을 막는 것입니다. 그 중 가장 좋은 방법이 가계부에요. 그 중에서도 ABC 가계부는 오랜 연구 끝에 그 목적에 가장 최적화된 가계부입니다."

그러면 참석자들은 처음에는 반신반의하면서 어쩔 수 없이 따라옵니다.

그러나 시간이 조금 흐른 뒤 중간중간 과제를 받으신 분들께 "혹시 생활비를 줄여 힘들지는 않습니까?" 하고 물어보면 전혀 반대의 답이 튀어나옵니다.

"내가 줄여서 쓴 만큼 통장에 돈이 모이잖아요. 그리고 당장은 돈을 쓰지 못해 아쉽지만, 돌이켜보면 그것에 돈을 쓰지 않아 다행이라는 생각이 드는 적도 많아요. 이렇게 많은 돈이 낭비로 새어나가는 줄 알았으면 진작 시작할 걸 그랬어요."

대부분 돈이 모이는 기쁨에 당장 돈을 쓸 수 없는 아쉬움은 견딜 수 있다는 답이 많았습니다.

게다가 '이 지출이 꼭 필요할까?'라고 다시 한 번 질문을 던지는 것은 합리적인 소비 습관의 시작입니다.

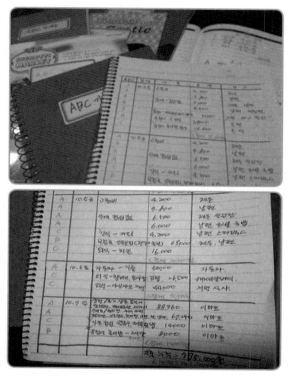

_ 머니세미나 참석자들이 쓴 ABC 가계부

돈 모으기의 **성공**과 **실패**의
한 끗 차이

이런 우화가 있습니다.

한 어머니가 거짓말 많이 하는 아들의 버릇을 고치기 위해

혼내기도 해보고 어르기도 해봤지만 별 소용이 없어

이런 혜안을 내놨다고 합니다.

'앞으로 혼내지 않을 테니깐,

거짓말을 할 때마다 벽에 못을 박거라.

대신 착한 일을 했을 때는 그 못을 하나씩 빼는 거야.'

거짓말을 해도 혼내기는커녕,

오히려 못된 장난을 허락해준다고 하니

아들은 처음에 신이 났습니다.

얼마 가지 않아 벽 한쪽은 못으로 가득 찼습니다.

그런데 마음이 이상합니다.

못으로 가득 찬 벽을 볼 때마다

자신의 과오가 떠올라 마음이 불편해집니다.

그때부터 아들은 거짓말을 하는 습관을 고치고,

좋은 일을 하기 위해 노력합니다.

못을 모두 제거한 후에도 벽에는

울퉁불퉁하게 못자국이 남아

아들은 그것을 볼 때마다 반면교사 삼아

행동가짐을 더욱 주의했다는 이야기입니다.

이 우화의 메시지는

남이 백날 말해봤자 스스로 깨닫지 못하면

별 효과가 없다는 것입니다.

또한 그 방법에는 스스로를 객관적으로

평가하게 하는 방법이 좋다는 것입니다.

ABC 가계부의 원리는

바로 우화 속의 '못박기'와 비슷합니다.

ABC 가계부는 어떻게 보면

스스로 자신의 소비 패턴에

점수를 매기는 것입니다.

A가 많을수록 점수는 높은 것이고

C가 많을수록 점수는 낮은 것입니다.

어차피 점수가 낮다고 해서 누가 뭐라 할 사람도 없고

인사고과에 반영되는 것도 아니니,

처음에는 C를 받아도 그러려니 합니다.

그러나 그것이 반복될수록 점점 C가 늘어나는 것이

눈에 거슬립니다.

게다가 이것은 자신이 직접 기준을 정해 매긴 점수,

합리화의 여지도 없습니다.

만약 두 달이 지나도 여전히 C가 남아있다면
C가 없어질 때까지 ABC 가계부를 써야 합니다.
최적의 생활비란 불필요한 지출인 C가 없고
A와 B만 남아있는 상태를 말하기 때문입니다.

최적의 생활비 − A − B = 0

두 달, 세 달, 네 달…
최적의 생활비가 정해질 때까지
계속해서 가계부를 씁니다.
이렇게 한번 습관을 들이고 나면,
가계부를 쓰지 않을 때도 몸에 밴 습관대로 행동합니다.
최적의 생활비가 정해진 뒤에는
그 금액 내에서 생활하고,
남는 돈은 여유자금으로 사용합니다.

저축을 늘리거나 자기계발을 위해
학원에 다녀도 좋습니다.
오랜만에 가족여행을 갈 수도 있습니다.
무작정 10만 원, 20만 원 줄이려고만 하지 말고
ABC 가계부를 쓰면서 새는 돈을 막아 지출관리를 하는 것
그것이 자산관리의 시작입니다.

 한 줄 가계부

STEP. 3

부자들의 자산관리법을
벤치마킹하라

• 평생 돈 걱정 없는 부자도 가계부를 쓴다 • 연말결산은 우리집에도 필요하다 • 우리집 올해
경제 점수는요? '우리집 1년 재정결산' 작성법 • 목표 달성 금액의 10%는 나를 위해 • 유서 깊
은 부자 가문에 내려오는 가계부의 비밀

부자가 되고 싶다면
부러워하지만 말고
그들의 생활방식을 배워라.

평생 **돈 걱정** 없는
부자들도 가계부를 쓴다

흔히 생각하기에 가계부는 절약을 통해 돈을 모으는 수단, 굳이 수십, 수백 억을 가진 자산가가 절약할 필요가 있을까 싶겠지만 대부분의 자산가들은 가계부를 꼼꼼하게 쓰고 따져봅니다.

가계부를 단순히 지출과 수입을 기록하기 위한 수단이 아닌, 자산관리의 도구로 접근한다는 것이 다릅니다.

그렇다면 부자들은 어떤 가계부를 쓸까요?

그들이 쓰는 가계부에는 두 가지 종류가 있습니다.

1. 본인이 스스로 작성하는 지출입 가계부
2. 한 달에 한 번 보고받는 재정관리 장부

매일매일 작성하는 지출입 가계부의 경우
건건이 수입과 지출을 정리하면서
이달의 수입변화와 지출 정도를 따져봅니다.
그것을 통해 지금 수준에 적정한 지출을 하고 있는지
수입변화에 따라 앞으로 어떻게 지출관리를 해야 할지에
대해 고민해보는 것입니다.
이들은 매일 아침저녁으로 양치하듯 습관적으로 가계부를
펼쳐봅니다.
특히 끊임없는 노력을 통해
일정의 자산을 모은 부자의 경우
지출입 관리의 중요성을 더욱 잘 알고 있습니다.

이것은 돈이 없던 시절부터

오랫동안 지속된 버릇이기 때문에,

이런 가계부들은 보통 서재의 책상에서 가장 가까운 곳에

위치하며 일생을 함께 합니다.

또 하나의 가계부인 재정관리 장부는 한 달에 한 번 전문가

혹은 비서로부터 보고를 받는 것입니다.

대게는 엑셀로 작성되는 이 가계부의 항목은

이달의 수입과 지출, 자산의 변동 사항으로 나뉩니다.

지난 달에 비해 자산이 늘었다면 만족하지만

줄거나 정체기라면 해결 방법을 간구해야 합니다.

재무전문가의 재무 상황분석을 통해 문제를 분석하고

구체적인 계획을 세우는 데까지 나아갑니다.

이렇듯 부자들도 자신의 자산을 불리거나 유지하기 위해

가계부를 유용하게 사용하고 있습니다.

그렇기에 자녀에게까지 끊기지 않고 부가 세습되고 유지되

는 것이겠죠.

하지만 우리는 어떨까요?

저는 자산관리와 부를 주제로 한 세미나 등으로

강연을 자주합니다.

그곳에 오시는 분들은 그래도 대부분

자산관리나 돈 모으기에 관심이 많으신 분들입니다.

그러나 강연 도중,

"이 중에서 가계부를 꾸준히 쓰고 계신 분은 손 좀 들어보

세요."

하고 말하면 실제로 손을 드는 분들은 많아야 열에 하나.

자산관리에 관심이 많으신 분들도 그러하니

일반적으로 통계를 내보면 더 낮은 수일지도 모르겠습니다.

하지만 부자들은 가계부야말로

자산관리의 시작이라고 말합니다.

위험을 감수해야 하는 다른 투자법과는 다르게

시간만 조금 투자하면 충분히 투자한 시간 이상의

결과를 낼 수 있는 것이 바로 '가계부 쓰기'입니다.

"돈은 말이야, 버는 것보다 잘 가둬둘 줄 알아야 돼. 새어나

가기 시작하면 그걸로 끝이거든."

자주 뵙는 수백 억대 자산가 분께서 한 말입니다.

그리고 많은 자산가들이 그와 비슷한 말을 합니다.

그렇다면, 돈은 어떻게 가둬둘 수 있을까요?

돈의 흐름을 알아야 합니다.

바로 그 흐름을 파악하기 위한 것이 '가계부'인 것입니다.

여기에 문제점을 발견했을 시 해결할 수 있는

적절한 재무관리까지 병행된다면 금상첨화겠지요.

많은 부자들을 만나보면 부를 물려받은 경우도 있지만,

자수성가를 통해 지금의 부를 이룬 경우가 많습니다.

물어보면 십중팔구 가계부를 쓰고 있다고 합니다.

모든 부자들이 가계부를 쓰는 것은 아니지만,

대부분의 자수성가한 부자들이

하나같이 가계부를 쓰는 것을 보면

부의 비밀이 가계부에 있는 것은 아닐까요?

연말결산은
우리집에도 필요하다

연말 시즌이 되면 한 해를 돌아보고 새해를 계획합니다.

그 때 일반기업에서 빠지지 않는 것이 재정결산입니다.

재정결산은 일 년 농사를 얼마나 잘 지었는지 확인하는

성적표입니다.

일 년 동안 얼마의 수익을 얻어 어디에 사용했는지,

그 결과 잘 되었는지를 셈해 보는 것입니다. 기업에서는

이 보고서를 분기별 혹은 반기별로 작성해서

매출 실적과 이익을 따져봅니다.

개인도 마찬가지입니다.

분기나 반기별로는 아니어도

지난 일 년간의 재정상황을 파악해보면

자산관리를 하는 데 많은 도움이 됩니다.

"관리할 자산이 있어야 관리를 하죠."

강연회의 참가자가 우스개소리로 던진 말입니다.

저는 그 말에 이렇게 대꾸했습니다.

"관리를 안했기 때문에 자산이 없는 겁니다."

매년 개인의 재정결산을 하면 이런 장점이 있습니다.

1. 매년 우리 집 자산현황을 파악할 수 있습니다.

2. 작년과 비교해 부채 변동 여부도 비교할 수 있습니다.

3. 수입의 증감과 지출이 적정한지 여부를 알 수 있습니다.

이런 것들을 토대로 내년 목표를 설정하고,

지난 일 년간 올해 목표를 잘 이행해 왔는지

점검해보는 것입니다.

반대로 결산을 하지 않을 경우,

운이 좋아 손해 없는 지출을 하면 다행이지만,

버는 대로 계획 없이 돈을 쓰다가 남는 것도 없이

한 해를 보낼 가능성이 높습니다.

결산이라고 하면 머리부터 지끈지끈 아파오시는 분들이

계실 것입니다.

하지만 거창할 것 없이 현재 보유한 자산과 부채를 적고,

일 년간 벌어들인 수입과 지출을 나누어 정리하면 됩니다.

중요한 건 매년 꾸준히 실시해야 효과가 있다는 것입니다.

일 년의 마지막 날, 아니면 특별히 하루를 정해

새로운 마음가짐으로 한 해를 결산해보세요.

우리집 올해 경제 점수는요?
'우리집 1년 재정결산' 작성법

가계부를 쓰다 보면 소소한 기쁨을 느낄 때가 많습니다.

한 달, 두 달… 일 년 치를 꾸준히 다 썼을 때의 기쁨,

일 년 후 적금 통장에 더 많은 돈이 쌓였을 때,

그런 관리를 통해 계획보다

대출금 상환시기를 앞당겼을 때 등등……

그런 식으로 한 번 효과를 보고 기쁨을 느끼면

누가 시키지 않아도 지속적으로 하게 됩니다.

그렇게 한 번 동기가 생기면

더 높은 목표에 도전하려 합니다.

그래서 가계부를 쓰면 자산관리에 전문가가 되는

것입니다.

'한 줄 가계부'를 통해 소소한 낭비지출을 줄이고,

또 가계부 쓰기에 익숙해졌다면,

다음 단계는 앞서 얘기한 'ABC 가계부'입니다.

'ABC 가계부'를 쓰다 보면

우리집의 전체적인 지출입을 통제하고

최적의 생활비를 찾을 수 있습니다.

자산 점검을 통해 미래를 준비해야 합니다.

재정관리는 가계부처럼

특별한 양식이 있는 것은 아니지만,

자신의 편의에 따라 엑셀이나 워드 프로그램,

혹은 노트나 다이어리에 편한 방법대로 쓰시면 됩니다.

〈우리집 재정관리〉 작성 요령

● 자산

자산이란 가지고 있는 현금과 통장잔고, 은행의 예금, 적금, 주식, 채권, 펀드, 보험사의 저축상품뿐만 아니라 보유 중인 부동산, 지인에게 빌려준 돈, 투자 목적으로 가입한 다양한 상품까지 포함합니다.

현금 혹은 은행, 보험사에 저축 용도로 묶여 있는 금융 자산은 결산일에 기준하여 평가금액으로 적으면 됩니다.

주식의 경우 더욱 세밀한 투자관리를 위해 종목과 수량, 매수가격, 수익률까지 기록합니다.

부동산의 경우 부동산 사이트를 통해 현재 시세를 확인 후 표기합니다. 1년 전과 비교해 가격의 변동도 함께 기록해두어야 자산 가치를 파악하는 데 도움이 됩니다.

전세나 월세, 상가의 보증금도 모두 부동산 자산에 해당됩니다.

● 부채

부채는 금융회사별 금액과 이자를 함께 적어둡니다. 부채 관리에서 중요한 것은 작년 대비 증감여부입니다. 더 이상 늘지 않도록 조절하며 매년 줄여가도록 노력해야 합니다. 부채가 있는 경우 대출기관 수를 최소로 유지해야 신용등급도 좋아지고 관리상으로 편해집니다. 대출금액이 적은 곳부터 갚으면서 줄여가야 합니다. 물론 고금리 대출이 있다면 우선적으로 갚아야 합니다.

● 자산 - 부채 = 순자산

현재 자산에서 부채를 빼면 순자산이 도출됩니다. 순자산이 전년에 비해 늘었는지 줄었는지가 올해의 경제 성적을 알려줍니다. 자산이 늘었다면 관리를 잘한 것이지만 줄었다면 그 원인을 찾아야 합니다. 소득이 줄었던지 혹은 지출이 늘었던지 원인을 파악해서 더 이상 자산이 줄지 않도록 방법을 찾아야 합니다.

● 수입과 지출

수입은 1년 동안 벌어들이는 것을 모두 쓰면 되는데, 직장인의 경우 월급과 보너스의 실수령액과 이외의 수입까지 모두 적습니다.

지출은 저축을 제외한 모든 비용을 말하는데 다시 세 가지로 분류할 수 있습니다.

1. 개인적 지출

개인 신용카드, 통신료, 교통비, 학원비, 병원비, 커피값, 옷값 등 개인생활 영위를 위해 사용하는 돈.

2. 공동 지출

주거관리비(전기, 수도, 가스 난방비 등), 식료품, 외식비, 수리비 등 가족이 공동으로 사용하는 것에 대한 지출.

3. 그 외 세금과 이자, 차 할부금, 보험료 등 기타 지출

일반적인 구분기준인 고정지출과 변동지출을 사용하지 않는 것에는 몇 가지 이유가 있습니다. 먼저 사람들의 성향이

변하며 개인적 지출의 비중이 급격히 늘고 있습니다. 또한, 현대 사회에는 변수가 많아 매달 일정한 생활비 이상의 비용이 발생합니다. 그 원인에는 여러 요인이 있겠으나 현실적으로 고정 지출과 변동 지출을 분류하여 파악하기가 어렵습니다. 그래서 이 책에서는 이런 경향에 발맞춰 개인적 지출, 공동 지출, 기타 지출로 나눠 보고자 합니다.

● 수입 − 지출

1년간의 총수입에서 지출을 뺀 금액 역시 경제성적표가 됩니다. 작년에 비해 얼마나 늘었는지 아니면 줄었는지 파악해보며 1년간의 결산을 해봅니다. 재정관리 장부를 완성했다면 다음 연도 목표를 적어 봅니다.

빨간색 사인펜을 들고 항목별로 줄일 곳과 늘릴 곳을 표시하고 목표금액을 적습니다.

가령, 남편의 개인지출을 800만 원에서 600만 원으로 줄이는 것이 목표라면 그 항목 옆에 − 200만 원이라고 눈에 잘

띄게 표기합니다. 장부의 마지막 부분에는 경제 성적을 나타내는 자산 – 부채, 수입 – 지출에 대한 목표금액을 적어둡니다. 수시로 체크를 하면서 목표대로 잘 이행하고 있는지 점검해보는 게 중요합니다.

우리집 재정관리(2016년도)

(단위: 만 원)

자산

항목		현재 가격	전년도	증감
부동산	주택	4억5천	4억4천	▲1천
	전세보증금	1억	1억	
	합계	5억5천	5억4천	▲1천
금융	통장잔고	250	200	▲50
	현금	60	50	▲10
	예금(국민)	3000	3000	
	적금(우리)	1,200		▲1,200
	펀드(삼성)	2,280	2,150	▲130
	펀드(미래)	1,210	1,100	▲110
	주식	620	700	▼80
	연금(삼성)	3,300	2,940	▲360
	합계	1억1,920	1억140	▲1,780
기타	받을 돈	500	500	
자산 합계		6억7,420	6억4,640	▲2,780

부채

항목		금액	전년도	금리
대출	담보대출(국민)	2억	2억	3.5%
	마이너스 통장(우리)	4천	4천	8%
	합계	2억 4천	2억4천	
순자산(자산-부채)		4억3,420	4억640	▲2,780
목표		4억6,420	4억3,420	▲3,000

수입과 지출

항목		금액	전년도	증감
수입	급여(남편)	4,670	4,430	▲240
	급여(아내)	3,850	3,670	▲180
	기타	130		▲130
	합계	8,650	8,100	▲550
지출	개인(남편)	850	1,070	▼220
	개인(아내)	970	1,280	▼310
	개인(자녀)	640	550	▲90
	공동생활비	2,250	2,440	▼190
	이자	880	910	▼30
	보험료	480	480	
	차 할부금	740	740	
	기타	60	110	▼50
	합계	6,870	7,580	▼710
저축	적금(우리)	1,200		▲1,200
	펀드(삼성)	240	240	
	연금(삼성)	30	30	
	합계	1,470	270	▲1,200
현금 및 통장 잔고		310	250	▲60
수입-지출		1,780	520	▲1,260
목표		3,780	1,780	▲2,000

지난달보다
자산이 줄지 않는 것!
이것이 부자들의
자산 관리의 전부다!

목표 달성 금액의
10%는 나를 위해

일 년 결산을 했습니다.

결과를 보니 늘기만 했던 대출은

무려 5백만 원이나 줄었고,

새롭게 만든 적금통장도 빠짐없이 유지했습니다.

그래서 내년 목표는 지출을 더 줄이고

대출 천만 원을 갚고 적금은

삼백만 원 더 늘리기로 했습니다.

사람이나 동물이나 합당한 보상이 따라야

행동이 유지되는 법.

크던 작던, 일 년 동안 경제적 성공을 거뒀다면

그에 부합하는 보상이 따라야 합니다.

성과에 대한 아무런 보상이 없으면 이내 지치고,

쉽게 포기하게 됩니다.

목표를 달성했다면 금액의 10%는 아까워 말고

나를 위해 혹은 가족을 위해 마음껏 보상하세요.

적금 삼천만 원을 달성했다면 이중 삼백만 원을 찾아

여행을 가거나 꼭 사고 싶었던 물건을 사도 좋습니다.

대출을 갚았다면 마음으로만 좋아 말고

멋진 곳에서 외식도 하고, 공연도 보면서

그동안 쌓인 어려움을 모두 날려버리세요.

한 줄 가계부를 쓰고 난 후에 보상을 할 수도 있습니다.

가령, 담배를 끊기로 결심한 남편이 담배값에 대한

한 줄 가계부를 적었습니다.

그리고 일주일에 다섯 갑을 피던 담배값을 계산해서 매달
적금통장에 넣었습니다.

일주일에 5갑, 1년(52주)

4,500 × 5 × 52 = 1,170,000원

※ 서울연구원 도시정보센터 '만 20세 이상 성인 평균 일주일 흡연량' 조사
   결과 기준

그랬더니 1년 후 담배값으로 썼을 117만 원이 적금통장에
모였습니다.

이 돈의 절반은 금연으로 고생한 남편을 위해 사용합니다.

평상시 등산을 즐기는 사람이라면 등산용품을 살 수도 있
고, 갖고 싶었지만 망설였던 것이 있다면 이번 기회에 마
련합니다.

어떤 경우든 보상이 있어야 의욕이 생기는 법입니다.

그래서 적절한 보상은 투자와 같습니다.

이와 반대의 경우라면 처절하게 반성해야 합니다.

'다음부터 좀 아껴쓰지 뭐'가 아니라

'지금 당장 신용카드를 자르고 생활비를 백만 원씩 줄이겠다'는 식으로 단호하게 실천으로 옮겨야 합니다.

반성하고 다음 번에 목표를 달성했다면

그 기쁨과 보상은 두 배의 가치가 있습니다.

이렇게 보상과 반성이 반복될수록

좋아지는 건 우리집 경제력입니다.

가계부를 몇 년간 열심히 썼는데 별로 나아진 게 없다구요?

혹시 보상과 반성이 없어서 그런 것은 아닌지

곰곰이 생각해 보시기 바랍니다.

유서 깊은 **부자 가문**에 내려오는
가계부의 비밀

세계 100대 부자 중 절반 가량은 유대인계.

부자 혈통을 자랑하는 유대인 가문은

자녀들에게 물려줘야 할 위대한 유산으로 부모가 기록한

'가계부'를 손꼽습니다.

인류 역사상 10대 부자로 꼽히는 록펠러 가문 역시

3대째 부모의 가계부를 유산으로 물려주는 전통을 가지고

있습니다.

부자 가문의 가계부를 보면 집안의 역사는 물론

부모의 삶과 인생 그리고 철학까지 엿볼 수 있습니다.

어렵게 번 돈을 쉽게 쓰는 법 없이

꼭 필요한 몇 가지만 구입하며 살아온 검소한 흔적이

배어있습니다.

사정이 넉넉할 때 돈을 아껴두었다가 경제가 어려울 때

모아둔 돈으로 대처한 지혜도 담겨있습니다.

아이들은 부모의 가계부를 보며 올바른 경제관과 처세를

배웁니다.

그렇게 부를 유지시키며 오랫동안 성장해 갑니다.

"고기를 잡아주기보다는 고기 잡는 법을 알려줘라."

유대인들은 가계부를 쓸 때 고기 잡는 법을 알려주듯

당시의 상황과 전해주고 싶은 지혜,

여기에 돈을 다루는 방법까지

골고루 다양한 내용을 담는다고 합니다.

보통은 자녀에게 물려주고 싶은 유산을 고르라면

대부분 돈이나 부동산 같은 재산을 떠올립니다.

자녀들도 마찬가지입니다.

부모에게 받고 싶은 유산을 말하라면

대부분 돈이나 집, 자동차 같은 재산을 택합니다.

아마 가계부를 유산으로 물려준다 하면 좋아할 사람은

거의 없을 것입니다.

하지만 관리할 능력도 없이 재산을 받으면

머지않아 재산을 잃게 될 것이고

더 갖고 싶은 욕심에 형제간 싸움이 나거나 부모의 재산을

더 탐내게 됩니다.

이러한 경험으로 인해 유대인들은 재산보다는

재산을 관리할 능력을 키워 줄 가계부를 더 위대한

유산으로 손꼽은 것 같습니다.

가계부를 쓸 때 미래에 아이들에게 '유산으로 물려줄

가계부'라 생각하며 작성해보세요.

아마 마음가짐부터 달라질 것입니다.

지금보다 더 정성스럽게 쓸 것이고, 좋은 말귀나 도움이 되
는 지식이 있다면 한편에 꼼꼼히 적어둘 것입니다. 아이들
이 이 글을 읽으며 기뻐할 생각에 말입니다.

아이들은 부모의 가계부를 보며 경제를 배우고 삶을 배우
고 인생을 배워갈 것입니다.

이런 전통이 우리나라에도 정착된다면

훌륭한 부자가 유대인보다 더 많이 배출되지 않을까요?

돈이 모이는 시스템의 비밀

우리의 삶에서 돈이 차지하는 비중은 절대적입니다.
돈을 어떻게 벌고 쓰느냐에 따라 시스템이 만들어지고
그런 시스템으로 인해 부자가 될지,
빈자가 될지 결정됩니다.

〈1번 시스템〉

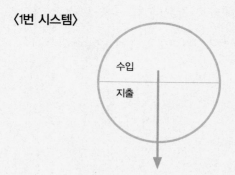

돈을 버는 대로 모두 써버립니다. 수입이 그대로 빠져나가
기 때문에 평생 돈 없이 빈자로서 살아갑니다.

〈2번 시스템〉

소득의 일부를 저축합니다.

하지만 저축한 돈은 원하는 것을 사기 위해

모두 써버리기에 역시 빈자의 삶을 벗어나질 못합니다.

〈3번 시스템〉

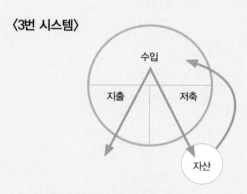

소득의 일부를 저축합니다.

저축한 돈은 내가 원하는 것을 사는 데만 쓰는 것이 아니라

자산 형성을 위해 모아둡니다.

이렇게 형성된 자산은 새로운 수익을 만들어내고,

그 수익은 다시 저축을 통해 또 다른 자산을 만들어냅니다.

자산은 계속 늘어나고 결국 부자의 삶을 살아갑니다.

내가 부자가 되지 못하는 이유.

시스템에 있었습니다.

1번이나 2번의 시스템으로 살고 있다면

돈이 없을 수밖에 없습니다.

부자들의 공통적인 생각

'돈이 돈을 벌게 해야 한다'

돈이 돈을 벌어들이는 3번 시스템은

작은 가계부에서 시작됩니다.

STEP1. 쓸데없는 지출을 줄였기에 저축을 늘릴 수 있었고

(한 줄 가계부)

STEP2. 필요한 생활비만 쓰기에 저축을 유지할 수 있습니다(ABC 가계부).

STEP3. 자산과 부채의 상황을 매년 파악하기에 자산을 관리하면서 꾸준히 자산을 늘릴 수 있습니다(우리집 재정관리)

가계부를 쓰지 않으면 버는 대로 써버리기 쉽고,

힘들게 저축했어도 엉뚱한 곳에 써버리기도 쉽고,

어디에 얼마의 자산과 부채가 있는지 파악조차 귀찮아서

자산이 늘기는커녕 빚만 늘게 됩니다.

어떤 가계부라도 좋습니다.

가계부를 쓰면서 내 삶이 좋아지고 있다면

그것으로 가계부의 몫은 다한 것입니다.

독자 여러분의 풍요로운 삶을 기원합니다.

 한 줄 가계부

부록

한 줄 가계부 서식(달력용)

Sun	Mon	Tue	Wed	Thu	Fri	Sat
합계			목표금액			
1년			차액			
10년			1년			
			10년			

한 줄 가계부 서식(달력용)

Sun	Mon	Tue	Wed	Thu	Fri	Sat
합계			목표금액			
1년			차액			
10년			1년			
			10년			

한 줄 가계부 서식(달력용)

Sun	Mon	Tue	Wed	Thu	Fri	Sat
합계		목표금액				
1년		차액				
10년		1년				
		10년				

한 줄 가계부 서식(달력용)

Sun	Mon	Tue	Wed	Thu	Fri	Sat
합계		목표금액				
1년		차액				
10년		1년				
		10년				

한 줄 가계부 서식(달력용)

Sun	Mon	Tue	Wed	Thu	Fri	Sat
합계			목표금액			
1년			차액			
10년			1년			
			10년			

한 줄 가계부 서식(달력용)

Sun	Mon	Tue	Wed	Thu	Fri	Sat
합계		목표금액				
1년		차액				
10년		1년				
		10년				

한 줄 가계부 서식(달력용)

Sun	Mon	Tue	Wed	Thu	Fri	Sat
합계		목표금액				
1년		차액				
10년		1년				
		10년				

한 줄 가계부 서식(달력용)

Sun	Mon	Tue	Wed	Thu	Fri	Sat
합계			목표금액			
1년			차액			
10년			1년			
			10년			

한 줄 가계부 서식(달력용)

Sun	Mon	Tue	Wed	Thu	Fri	Sat
합계			목표금액			
1년			차액			
10년			1년			
			10년			

한 줄 가계부 서식(달력용)

Sun	Mon	Tue	Wed	Thu	Fri	Sat
합계			목표금액			
1년			차액			
10년			1년			
			10년			

한 줄 가계부 서식(달력용)

Sun	Mon	Tue	Wed	Thu	Fri	Sat
합계			목표금액			
1년			차액			
10년			1년			
			10년			

한 줄 가계부 서식(달력용)

Sun	Mon	Tue	Wed	Thu	Fri	Sat
합계	.		목표금액			
1년			차액			
10년			1년			
			10년			

한 줄 가계부 서식(달력용)

Sun	Mon	Tue	Wed	Thu	Fri	Sat
합계			목표금액			
1년			차액			
10년			1년			
			10년			

한 줄 가계부 서식(수첩용)

목표		
날짜	금액	

합계		
1년 합계(×12)		
10년 합계		
다음달 목표		
차액 합계		
1년 저축		
10년 저축		

한 줄 가계부 서식(수첩용)

목표		
날짜	금액	

합계		
1년 합계(×12)		
10년 합계		
다음달 목표		
차액 합계		
1년 저축		
10년 저축		

한 줄 가계부 서식(수첩용)

목표		
날짜	금액	

합계		
1년 합계(×12)		
10년 합계		
다음달 목표		
차액 합계		
1년 저축		
10년 저축		

한 줄 가계부 서식(수첩용)

목표		
날짜	금액	

합계		
1년 합계(×12)		
10년 합계		
다음달 목표		
차액 합계		
1년 저축		
10년 저축		

한 줄 가계부 서식(수첩용)

목표		
날짜	금액	

합계		
1년 합계(×12)		
10년 합계		
다음달 목표		
차액 합계		
1년 저축		
10년 저축		

한 줄 가계부 서식(수첩용)

목표		
날짜	금액	

합계		
1년 합계(×12)		
10년 합계		
다음달 목표		
차액 합계		
1년 저축		
10년 저축		

한 줄 가계부 서식(수첩용)

목표		
날짜	금액	

합계		
1년 합계(×12)		
10년 합계		
다음달 목표		
차액 합계		
1년 저축		
10년 저축		

한 줄 가계부 서식(수첩용)

목표		
날짜	금액	

합계		
1년 합계(×12)		
10년 합계		
다음달 목표		
차액 합계		
1년 저축		
10년 저축		

한 줄 가계부 서식(수첩용)

목표		
날짜	금액	

합계		
1년 합계(×12)		
10년 합계		
다음달 목표		
차액 합계		
1년 저축		
10년 저축		

한 줄 가계부 서식(수첩용)

목표		
날짜	금액	

합계		
1년 합계(×12)		
10년 합계		
다음달 목표		
차액 합계		
1년 저축		
10년 저축		

가계부 통장

날짜	금액	목표

가계부 통장

날짜	금액	목표

가계부 통장

날짜	금액	목표

가계부 통장

날짜	금액	목표

가계부 통장

날짜	금액	목표

가계부 통장

날짜	금액	목표

가계부 통장

날짜	금액	목표

가계부 통장

날짜	금액	목표

가계부 통장

날짜	금액	목표

가계부 통장

날짜	금액	목표

ABC 가계부 서식

ABC	일자	내용	금액	비고

ABC 가계부 서식

ABC	일자	내용	금액	비고

ABC 가계부 서식

ABC	일자	내용	금액	비고

ABC 가계부 서식

ABC	일자	내용	금액	비고

ABC 가계부 서식

ABC	일자	내용	금액	비고

ABC 가계부 서식

ABC	일자	내용	금액	비고

ABC 가계부 서식

ABC	일자	내용	금액	비고

ABC 가계부 서식

ABC	일자	내용	금액	비고

ABC 가계부 서식

ABC	일자	내용	금액	비고

ABC 가계부 서식

ABC	일자	내용	금액	비고

ABC 가계부 서식

ABC	일자	내용	금액	비고

ABC 가계부 서식

ABC	일자	내용	금액	비고

ABC 가계부 서식

ABC	일자	내용	금액	비고

ABC 가계부 서식

ABC	일자	내용	금액	비고

우리집 종합 자산관리 대장 (년도)

(단위 : 만 원)

자산				수입과 지출			
항목		현재 가격	전년도	증감	항목	금액	전년도	증감
부동산								
	합계							
금융					합계			
					지출			
	합계							
기타								
자산 합계					합계			
부채				저축				
항목		금액	전년도	금리				
대출								
					합계			
					현금 및 통장 잔고			
	합계							
순자산(자산−부채)					수입−지출			
목표					목표			

우리집 종합 자산관리 대장 (년도)

(단위 : 만 원)

자산				수입과 지출			
항목	현재 가격	전년도	증감	항목	금액	전년도	증감
부동산							
합계							
금융				합계			
				지출			
합계							
기타							
자산 합계				합계			
부채							
항목	금액	전년도	금리	저축			
대출							
				합계			
				현금 및 통장 잔고			
합계							
순자산(자산-부채)				수입-지출			
목표				목표			

우리집 종합 자산관리 대장 (년도)

(단위 : 만 원)

자산					수입과 지출			
항목		현재 가격	전년도	증감	항목		금액	전년도	증감
부동산					지출				
						합계			
	합계								
금융									
	합계								
기타						합계			
자산 합계						합계			
부채					저축				
항목		금액	전년도	금리					
대출									
						합계			
					현금 및 통장 잔고				
	합계								
순자산(자산-부채)					수입-지출				
목표					목표				

228

우리집 종합 자산관리 대장 (년도)

(단위 : 만 원)

자산				수입과 지출			
	항목	현재 가격	전년도	증감	항목	금액	전년도	증감
부동산								
	합계							
					합계			
금융								
				지출				
	합계							
기타								
	자산 합계				합계			
부채				저축				
	항목	금액	전년도	금리				
대출								
					합계			
					현금 및 통장 잔고			
	합계							
순자산(자산-부채)					수입-지출			
목표					목표			

우리집 종합 자산관리 대장 (년도)

(단위 : 만 원)

자산				수입과 지출			
항목	현재 가격	전년도	증감	항목	금액	전년도	증감
부동산							
합계							
금융				합계			
				지출			
합계							
기타							
자산 합계				합계			

부채

항목	금액	전년도	금리				
대출				저축			
합계				합계			
순자산(자산-부채)				현금 및 통장 잔고			
목표				수입-지출			
				목표			

우리집 종합 자산관리 대장 (　　년도)

(단위 : 만 원)

자산				수입과 지출			
항목	현재 가격	전년도	증감	항목	금액	전년도	증감
부동산							
합계							
금융				합계			
				지출			
합계							
기타							
자산 합계				합계			
부채							
항목	금액	전년도	금리	저축			
대출							
				합계			
합계				현금 및 통장 잔고			
순자산(자산−부채)				수입−지출			
목표				목표			

한 줄 가계부

1판 1쇄 인쇄 2016년 2월 11일
1판 1쇄 발행 2016년 2월 18일

지은이 박종기

발행인 양원석
본부장 김순미
책임편집 최경민
디자인 허선희
해외저작권 황지현
제작 문태일
영업마케팅 이영인, 양근모, 정우연, 이주형, 김민수, 장현기, 이선미

펴낸 곳 ㈜알에이치코리아
주소 서울시 금천구 가산디지털2로 53, 20층(가산동, 한라시그마밸리)
편집문의 02-6443-8825 **구입문의** 02-6443-8838
홈페이지 http://rhk.co.kr
등록 2004년 1월 15일 제2-3726호

ISBN 978-89-255-5859-2 (03320)